안드로이드 애플리케이션 리버스 엔지니어링

기초부터 고급까지
안드로이드 앱 리버싱

안드로이드 애플리케이션 리버스 엔지니어링

기초부터 고급까지
안드로이드 앱 리버싱

남대현 · 류재형 지음

i!i
에이콘

| 지은이 소개 |

남대현(nam_daehyeon@naver.com)

해커이자 보안 연구원이다. 3년 정도 스마트TV의
취약점을 진단했고, 모바일 사업부 취약점 진단,
커널 취약점 진단, 모의해킹 진단을 다년간 해오고
있다. NHN, SK텔레콤, 사이버사령부 시스템 해킹
강의, SANS ITL 아카데미 강의를 했고, 모바일 환
경의 In-App 우회 취약점을 다수 발견했다. 모바
일 환경의 보안 및 암호화된 메시지 복호화 등에도
관심이 많고, 강의를 통해서 지식을 나누고 싶다.

류재형(welcomehi@naver.com)

사이버 수사관이다. 모바일 카메라의 소프트웨어 검증을
수행하며 초창기부터 최신 버전 안드로이드까지 펌웨어 및
분석을 수행했다. 안드로이드 보안에 큰 관심을 갖고 있으
며, 특히 모바일 기기에 사용되는 경량화 암호의 복호화에
관심이 많다. 현재는 최신 안드로이드폰에 적용되는 암호
화 방식에 대한 포렌식 관점의 획득과 분석에 대해 연구하
고 있다.

| 지은이의 말 |

처음 쓰는 해킹·보안 책이 아님에도 책을 내는 것은 여전히 낯설고 떨린다. 취약점 분석과 보안측면에 관심을 갖고 안드로이드를 공부하기 시작했다. 그렇다보니 악성코드 분석보다는 순수 애플리케이션에 대한 리버스 엔지니어링에 좀 더 관심을 갖게 됐다. 리버스 엔지니어링이 오랫동안 연구되고 발전돼 온 분야가 아니기 때문에 공부를 하는 동안 수많은 시행착오를 겪을 수밖에 없었다. 많은 시행착오를 겪으면서 느낀 점 하나는 꾸준히 하면 된다는 것, 끝까지 견디기만 하면 된다는 것이다.

이 책을 읽는 목적은 무엇인가? 안드로이드 애플리케이션 리버스 엔지니어링을 시작하기 위해, 자신의 기량을 갈고 닦기 위해, 호기심 등 이 책을 읽는 데는 다양한 목적이 있을 것이다. '꾸준히 하시라, 끝까지 견디시라'라는 말을 해주고 싶다. 어느 것이 목적이든 끝까지 견디다보면 답은 있다. "능력은 주어지는 것이 아니라 끈질기게 버티는 데서 온다"라는 말에 크게 공감한다. 나는 해킹·보안에 있어 누구보다 많은 시행착오를 겪었다고 생각한다. 그래서 어떻게 시작해야 하는지 모르는 사람들에게 조금이나마 방향을 제시하고 싶었기 때문에 다양한 방법을 설명하려고 노력했다.

여러 가지 일을 하면서도 책을 쓰겠다는 용기를 낼 수 있었던 것은 든든한 동생 류재형이 함께했기 때문이다. 출간될 책이 많이 기다려진다. 책을 쓰는 동안 어렵게 딸아이를 갖게 됐고, 어느덧 임신 8개월째 접어들었다. 정말 감사하고, 감사한 한 해를 보냈다. 류재형에게도 뜻깊은 한 해로 오래도록 기억되길 바란다. 아무쪼록 이 책이 독자들에게 도움이 됐으면 하는 바람이며, 큰 용기를 주신 하나님께 감사한다.

부족한 부분이 많았지만 항상 다독여주셨던 스승님 ㈜시큐아이 보안컨설팅팀 신경호 이사님(쑥스러워서 말 못했지만 사랑합니다~^^;), 그리고 강준모 형, 조용현 형, 조정원 님, 박근영, 서원호, 이재식, 최종찬을 비롯한 많은 분께 감사한다. 끝으로 사랑하는 아내 안정주와 앞으로 태어날 딸에게도 감사의 마음을 전한다.

남대현

사이버 범죄 수사는 디스크 분석이나 데이터베이스, 네트워크 포렌식 등 다양한 분야가 있지만, 최근에는 스마트폰이 삶의 일부가 되면서 모바일 포렌식 분야가 화두가 되고 있다.

모바일 포렌식 분야, 특히 안드로이드 애플리케이션 리버스 엔지니어링은 그 핵심이라 할만 하다. 해킹, 피싱, 스미싱 사건 등 대부분이 안드로이드 애플리케이션을 이용한 사건이기 때문이다. 피해자들 중에는 전 재산을 잃거나, 자신의 수치스러운 동영상이 유포돼 자살을 기도하는 사람도 있다. 안드로이드는 누구나 쉽게 접근이 가능하지만 그만큼 보안에 신경을 쓰지 않으면 피해를 입기 쉽다.

이런 사회적인 환경에서 안드로이드 애플리케이션 리버스 엔지니어링에 관심이 있다면 시작하라. 책을 보며 따라 하는 것만으로도 공부가 되고 지식의 밑거름이 된다. 나도 이 책을 집필하며 더 많은 것을 배우고 깨달았다. 이 책을 읽고 있는 분들도 안드로이드 애플리케이션 리버스 엔지니어링에 조금 더 가까이 다가가는 계기가 됐으면 한다.

대학 때부터 IT에 관심이 많았고 첫 직장도 모바일 관련 분야에 몸담았으며 지금은 사이버 수사를 하고 있다. IT 관련 책을 많이 접하며 공부했지만, 직접 내 지식을 녹인 책을 쓰게 될 것이라고는 상상하지 못했다.

저자로서 책이 출간된다는 것은 참으로 흥분되는 일이다. 이 모든 일을 가능하게 해준 것은 남대현이 있었기 때문이다. 그를 만나 책을 쓸 수 있는 영감을 얻었고, 책 쓰는 방법도 알게 됐다. 그가 아니었다면 난 그저 평범한 사이버 수사관이었을 것이다. 그는 나의 영원한 스승이자 멘토다. 그에게 진심으로 감사하다는 말을 남긴다.

류재형

에이콘출판의 기틀을 마련하신 故 정완재 선생님 (1935-2004)

| 차례 |

| 들어가며 |

안드로이드에 관한 많은 책이 있다. 순수 애플리케이션 개발에 초점을 맞춘 책, 악성코드 분석에 초점을 맞춘 책, 취약점 분석에 초점을 맞춘 책 등 다양한 책이 있다. 우리는 순수하게 안드로이드 애플리케이션 분석 방법에 대한 책을 만들고 싶었다.

안드로이드 애플리케이션 설치부터 다양한 분석 도구를 활용하는 방법까지 자세히 기술하려고 노력했고, 깊이가 없다는 지적을 받지 않기 위해 개발지식이 필요한 부분까지 설명했다. 동적 분석에서는 디버깅, APK 후킹 등 다양한 방법을 설명했다.

국내외 도서를 통틀어 이 책보다 안드로이드 애플리케이션 리버스 엔지니어링에 충실한 책은 없다고 자부한다. 이제 막 안드로이드 리버스 엔지니어링을 시작하려는 사람, 현재 모바일 애플리케이션 취약점 분석 및 모의해킹에 몸담고 있는 사람들에게 도움이 될 수 있는 책을 만들기 위해 다년간의 노하우를 녹여 집필했다. 이 책을 통해 한 단계 도약하는 계기가 됐으면 하는 바람이다.

이 책의 구성

이 책은 크게 네 가지 내용으로 구성돼 있다. 먼저 분석을 진행하기 위해 기본 안드로이드 애플리케이션의 네 가지 구성요소인 액티비티, 서비스, 브로드캐스트 수신자, 콘텐츠 제공자에 대해 간략하게 설명하고, 플랫폼별 환경 구성 방법을 살펴본다. 그런 다음 플레이스토어에서 애플리케이션을 다운로드해 설치하고, 애플리케이션을 추출하는 방법, 다양한 솔루션으로 인해 분석에 방해가 되는 요소를 우회하는 방법을 알아본다. 난독화된 코드를 효율적으로 분석하는 방법과 무료로 제공되는 툴, 상용으로 구입해 사용해야 하는 툴을 이용한 정적 분석, 디버거를 이용하는 분석, 프레임워크를 이용한 후킹 방법을 이용하는 동적 분석까지 간단한 해킹대회 및 테스트 애플리케이션을 대상으로 분석하는 방법을 설명한다.

1장_안드로이드 기본 개념 안드로이드 애플리케이션 분석에 앞서 안드로이드 애플리케이션의 네 가지 구성요소 액티비티^{Activity}, 서비스^{Service}, 브로드캐스트 수신자^{Broadcast Receiver}, 콘텐츠 제공자^{Contents Provider}에 대해 설명한다. 어느 부분부터 분석을 시작해야 할지 모르는 독자를 개념을 바탕으로 관련 코드를 쉽게 분석해 나갈 수 있도록 안내한다.

2장_안드로이드 리버스 엔지니어링을 위한 환경 구축 디바이스에 접속하기 위해 ADB 접속을 위한 USB 디버깅 활성화 방법, 필요한 명령어 등을 사용하기 위해 BusyBox 등을 설치하는 방법 및 윈도우, 우분투 환경에 맞게 자바 버전 확인 및 안드로이드 스튜디오^{Android Studio}를 이용해 SDK를 설치하는 방법을 자세히 설명한다.

3장_안드로이드 앱 구성 및 코드 분석 안드로이드 애플리케이션의 구성, 안드로이드 애플리케이션의 생성 과정과 apktool을 이용한 기본적인 APK 리패키징 과정을 설명하고 무료로 쉽게 구할 수 있는 JD-GUI, JADX, Androguard, 바이트코드 뷰어를 이용해 분석하는 방법에 대해 설명한다. 또한 안드로이드 애플리케이션 분석 용도로 많이 사용되고 있는 JEB, JEB2를 이용한 분석 방법과 JEB2에서 제공하는 동적 디버깅 방법에 대해 자세히 설명한다.

4장_안드로이드 앱 정적 분석 분석을 위해 설치된 안드로이드 애플리케이션 추출부터 분석방지 솔루션이 적용된 애플리케이션의 실행코드 추출 방법 및 유용한 팁을 예제를 통해 설명하고, 레벨 테스트용으로 제작된 안드로이드 애플리케이션의 정적 분석 방법에 대해 안드로이드 기본 개념부터, 코드 활용까지 차근차근 설명한다.

5장_안드로이드 앱 동적 분석   이 장의 내용은 대부분 고급 과정에 속하며 개발에 대한 사전 지식이 필요하다. 따라서 앱을 직접 분석하지 않고 동적 환경을 구성해 어떤 이벤트가 발생하는지 확인할 수 있도록 안드로이드 LKM^{Loadable Kernel Module}, 대표적인 프레임워크를 활용한 자바 API 후킹을 통해 분석하는 방법, API 후킹 방법에 대해 자세히 설명한다.

6장_안드로이드 앱 디버깅   GDB, IDA, JEB2를 통해서 안드로이드 애플리케이션 코드에 대한 동적 디버깅 환경 구축 및 동적 디버깅 방법, JNI 라이브러리 디버깅 방법에 대해 자세히 설명한다.

이 책의 대상 독자

안드로이드 애플리케이션 개발자: 자신이 개발한 애플리케이션을 어떻게 분석할 수 있는지 확인할 수 있고, 보안 솔루션이 적용됐을 때 공격자 측면에서 접근해 어떻게 공격할 수 있을지 확인할 수 있다. 또한, 4장, 5장, 6장의 분석 방법을 통해 공격자가 애플리케이션을 어떻게 분석하고 공격하는지를 살펴봄으로써 더욱 안전한 애플리케이션을 개발하는 데 도움이 될 것이다.

모바일 모의해킹 컨설턴트: 지금까지 모바일에 대한 지식이 부족했거나 단순한 방법으로 공격했다면 이 책을 통해 다양한 공격 방법을 확인하고, 한 계단 도약할 수 있는 기회가 될 것이다.

안드로이드 리버스 엔지니어링 입문자: 안드로이드의 기본적인 네 가지 기본 개념을 익히고, 설치된 앱 추출 방법, 무료 도구를 활용한 기본 분석 방법 및 애플리케이션 리패키징의 기본 개념을 익히고, 여러 프레임워크를 활용해 고급 분석 과정까지 도전해보며 분석 능력 배양에 도움이 될 것이다.

준비 사항

이 책은 리눅스 우분투 16.04 32비트, 64비트 환경에서 테스트했고, MacOS X Sierra 10.12.3, 윈도우 7 환경에서 테스트했다.

사용한 무료 개발 도구로는 안드로이드 스튜디오의 APKTool, JD-GUI, JADX, Androguard, ByteCode Viewer, GDB, lldb 등이 있고, 상용 도구로는 JEB1, JEB2, IDA Pro가 있다.

프레임워크는 모두 무료이며 Cydia Substrate, Xposed, Frida를 사용했다.

독자 의견

이 책에 대한 독자의 의견은 언제나 환영이다. 좋은 점 또는 고쳐야 할 점에 대한 솔직한 의견은 앞으로 더 좋은 책을 발행하는 데 큰 도움이 된다. 독자 의견을 보낼 때는 이메일 제목란에 구입한 책 제목을 적은 후, 에이콘출판사 편집 팀(editor@acornpub.co.kr)으로 문의해주길 바란다.

내용을 정확히 전달하기 위해 최선을 다했지만, 실수가 있을 수 있다. 책에서 코드나 텍스트상의 문제를 발견해서 알려준다면 매우 감사하게 생각할 것이다. 독자의 참여를 통해 다른 독자에게 도움을 주고, 다음 버전에서 책을 더 완성도 있게 만들 수 있다. 오탈자를 발견하면 http://www.acornpub.co.kr/book/android-reverse에서 오탈자를 신고해주기 바란다. 내용이 확인되면 웹사이트의 해당 서적의 정오표 섹션에 그 내용이 추가될 것이다. http://www.acornpub.co.kr/book/android-reverse에서 지금까지의 정오표를 확인할 수 있다.

이 책에서 분석에 사용된 TeamSIK에서 다운로드한 세 애플리케이션의 저작권은 TeamSIK에 있다. TeamSIK에 감사한다.

안드로이드 기본 개념

1.1 안드로이드 필수 구성 요소

안드로이드 리버스 엔지니어링은 많은 부분 앱의 코드 분석으로 이뤄진다. 액티비티^{Activity}, 서비스^{Service}, 브로드케이스 수신자$^{Broadcast Receiver}$, 콘텐츠 제공자$^{Contents Provider}$의 기본적인 메커니즘을 알고 있어야 관련 코드를 쉽게 분석할 수 있다. 물론 이러한 정보가 없어도 자바에 능숙하다면 어려움 없이 분석할 수 있지만, 기본 개념을 알고 있다면 더욱 쉽고 빠르게 관련 코드를 분석할 수 있다.

1장에서는 안드로이드 애플리케이션 리버스 엔지니어링에 앞서 안드로이드 애플리케이션의 네 가지 구성 요소를 살펴보자.

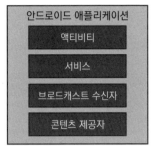

▲ 안드로이드 애플리케이션의 네 가지 구성 요소

1.1.1 액티비티

액티비티^{Activity}는 안드로이드 애플리케이션을 구성하는 네 가지 기본 요소 중 하나로, 하나의 화면을 하나의 액티비티로 생각하면 편하고, 애플리케이션을 구성하는 화면을 액티비티로 구현하고 각각의 화면간에 이동하는 과정은 각각의 액티비티를 필요에 따라 열거나 닫거나 하는 과정이다.

플레이스토어^{PlayStore}에서 다운로드한 안드로이드 애플리케이션이나 개인이 제작해서 사용하는 대부분의 안드로이드 애플리케이션은 적어도 하나의 액티비티를 가지고 있다.

애플리케이션의 권한이나 정보가 저장돼 있는 AndroidManifest.xml 파일의 `<activity>` 태그에 액티비티에 대한 정보가 담겨 있다. 액티비티를 새로 추가하면 AndroidManifest.xml 파일에 액티비티 정보를 추가해야 안드로이드 시스템에 의해서 액티비티를 서비스할 수 있다.

안드로이드 스튜디오를 이용해서 액티비티 하나를 가지고 있는 기본 애플리케이션을 만들었을 때 생성되는 정보를 바탕으로 기본적인 정보를 알아보자.

다음은 안드로이드 스튜디오 v2.2.2를 이용해 Basic Activity를 하나 갖는 안드로이드 애플리케이션을 생성했을 때 기본적으로 생성되는 코드다.

```java
package com.namdaehyeon.myapplication;

import ...

public class MainActivity extends AppCompatActivity {
    @Override
    protected void onCreate(Bundle savedInstanceState) {
        super.onCreate(savedInstanceState);

        setContentView(R.layout.activity_main);
        Toolbar toolbar = (Toolbar) findViewById(R.id.toolbar);
        setSupportActionBar(toolbar);

        FloatingActionButton fab = (FloatingActionButton) findViewById(R.id.fab);
        fab.setOnClickListener((view) -> {
            Snackbar.make(view, "Replace with your own action", Snackbar.LENGTH_LONG)
                    .setAction("Action", null).show();
        });
    }

    @Override
    public boolean onCreateOptionsMenu(Menu menu) {
        // Inflate the menu; this adds items to the action bar if it is present.
        getMenuInflater().inflate(R.menu.menu_main, menu);

        return true;
    }

    @Override
    public boolean onOptionsItemSelected(MenuItem item) {
        // Handle action bar item clicks here. The action bar will
        // automatically handle clicks on the Home/Up button, so long
        // as you specify a parent activity in AndroidManifest.xml.
        int id = item.getItemId();

        //noinspection SimplifiableIfStatement
        if (id == R.id.action_settings) {
            return true;
        }
        return super.onOptionsItemSelected(item);
    }
}
```

▲ 기본으로 생성되는 액티비티 코드

프로젝트 생성 시 선택할 수 있는 액티비티 중에서 Basic Activity는 액션바ActionBar를 기본적으로 사용하기 때문에, AppCompatActivity를 상속받은 MainActivity 클래스가 생성됐다. onCreate(), onCreateOptionsMenu(), onOptionsItemSelected() 총 3개의 메소드가 자동으로 생성됐다. 이 메소드들 중 onCreate() 메소드는 액티비티가 생성될 때 호출되는 메소드이고, 나머지 두 메소드는 안드로이드 기기의 옵션 메뉴를 처리하는 데 사용된다.

다음 그림은 안드로이드 에뮬레이터로 위의 코드를 가지고 있는 애플리케이션을 실행시켰을 때의 화면이다. 애플리케이션이 실행될 때 최초 한 번 onCreateOptionsMenu()가 호출되는데, onCreateOptionsMenu()는 안드로이드 기기의 옵션 메뉴를 최초 생성했을 때 호출되는 메소드다. 우측 상단의 점으로 표시된 부분을 클릭하면 위의 기본 코드에는 없지만 onPrepareOptionsMenu() 메소드가 호출되고, 생성되는 메뉴를 선택하면 onPrepareOptionsMenu() 메소드를 호출한다.

▲ 에뮬레이터를 이용한 애플리케이션 실행 화면

onCreate()

액티비티가 생성될 때 호출되는 onCreate 메소드에서 super.onCreate 메소드는 부모 클래스의 동일한 메소드를 호출하는 코드다. 밑으로 setContentView() 메소드가 보이는데 안드로이드에서 화면을 구성하는 방법으로 XML 레이아웃을 사용하고, 애플리케이션이 실행될 때 XML 레이아웃을 읽어 메모리에서 객체화시키는 '인플레이션inflation' 과정을 거쳐 화면을 구성한다.

```
protected void onCreate(Bundle savedInstanceState) {
    super.onCreate(savedInstanceState);

    setContentView(R.layout.activity_main);
    Toolbar toolbar = (Toolbar) findViewById(R.id.toolbar);
    setSupportActionBar(toolbar);

    FloatingActionButton fab = (FloatingActionButton) findViewById(R.id.fab);
    fab.setOnClickListener((view) → {
            Snackbar.make(view, "Replace with your own action", Snackbar.LENGTH_LONG)
                    .setAction("Action", null).show();
    });
}
```

▲ 액티비티의 onCreate 메소드

XML 레이아웃에 정의돼 있는 이진 파일을 읽어 메모리에 적재 후 객체화돼 화면에 보여주는 과정을 setContentView() 메소드가 한다.

즉 setContentView(R.layout.activity_main) 코드는 activity_main.xml에 정의된 뷰를 화면에 보여주라는 의미다. 그 밑으로는 툴바Toolbar 객체를 정의해 툴바를 보여주고, 액션바가 정의돼 액션바Action Bar의 클릭 여부를 감지해 화면에 Replace with your own action 객체를 보여주도록 하는 코드가 있다.

startActivity()

액티비티가 생성될 때 시스템에서 자동으로 호출하는 메소드가 onCreate()라면 액티비티를 띄우기 위해서 사용하는 메소드는 startActivity()다. 안드로이드 애플리케이션에 액티비티가 여러 개 존재한다면 다른 액티비티를 띄우기 위해 startActivity() 메소드를 사용한다. 새로운 액티비티를 AndroidManifest.xml에 등록하면 그 액티비티는 startActivity() 메소드를 이용해서 실행될 수 있다. 이렇게 실행된 액티비티는 화면에 띄워지고 새로운 액티비티가 화면에 띄워지면 이전에 있던 액티비티는 액티비티 스택Activity Stack에 저장되고 새로운 액티비티가 화면에 보여진다.

startActivityForResult( )

startActivity()가 단순히 액티비티를 띄웠다면 startActivityForResult()는 어떤 액티비티를 띄운 것인지, 띄웠던 액티비티로부터의 응답을 받아 처리하는 경우가 필요할 때 사용하는 메소드다. 예를 들어, 다음 코드에서 button1이 클릭됐을 때 TestActivity 클래스 액티비티를 실행하고 그 결과는 onActivitiResult() 메소드에서 startActivityForResult() 메소드에서 보낸 값의 확인 및 그와 관련된 작업을 처리할 수 있다.

```java
public void onButtin1Clicked(View v) {
    Intent intent = new Intent(getApplicationContext(), TestActivity.class);
    startActivityForResult(intent, 1000);
}

protected void onActivityResult(int requestCode, int resultCode, Intent intent) {
    super.onActivityResult(requestCode, resultCode, intent);

    if(requestCode == 1000) {
        //
    }
}
```

▲ startActivityForResult( ) 메소드의 결과를 받는 onActivityResult( ) 메소드

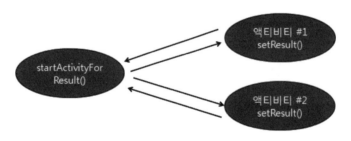

▲ 각 액티비티로부터 응답을 받음

setResult( )

startResult() 메소드는 현재 액티비티를 띄운 액티비티에게로 응답을 보낼 때
사용된다.

```java
public void onButtin1Clicked(View v) {
    Intent resultIntent = new Intent();
    resultIntent.putExtra("TEST", "WOW");

    setResult(RESULT_OK, resultIntent);
}
```

위 코드에서 보면 setResult() 메소드에는 두 개의 파라미터가 사용되는데, 첫
번째는 onActivityResult() 메소드에서 전달받은 값이고, 두 번째는 인텐트 객
체다.

액티비티 생명주기

액티비티는 최초 실행될 때 메모리에 만들어지는 과정부터 시작해서 실행, 중지,
그리고 메모리에서 사라질 때까지 안드로이드 시스템에 의해 관리되면서 각 상태
에 따라 해당 메소드를 자동으로 호출한다.

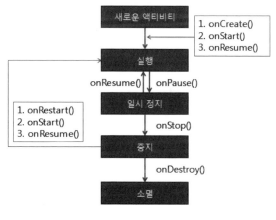

▲ 액티비티 생명주기

안드로이드 애플리케이션을 사용하다 전화가 오거나, 다른 갑작스런 작업에도 사용 중이던 애플리케이션을 선택하면 정상 상태로 되돌아가야 하기 때문에 정상 상태 정보를 저장해 두었다가 애플리케이션이 다시 실행됐을 때 저장한 정보를 바탕으로 다시 실행시키는데, 이때 onPause()와 onResume() 메소드를 사용한다.

이 방법 외에도 액티비티를 중지시키기 전에 호출되는 onSaveInstanceState() 메소드를 이용해 데이터를 임시로 저장할 수도 있다. 그 밖에 메소드의 파라미터로 전달되는 번들 객체를 이용해서 데이터를 저장하면 onCreate(), onRestoreInstanceState() 메소드로 저장했던 데이터가 전달된다.

다음은 그 밖의 액티비티의 생명주기에서 각 상태 메소드에 관한 설명이다.

상태 메소드	설명
onCreate()	• 액티비티가 만들어질 때 시스템에서 자동으로 호출 • 화면에 보이는 뷰의 일반적인 상태 설정 • 이 메소드 다음으로 onStart() 메소드 호출
onStart()	• 액티비티가 화면에 보이기 바로 전에 호출 • 액티비티가 화면에 보이면 onResume() 메소드 호출
onResume()	• 액티비티가 사용자와 상호작용 하기 전에 호출
onRestart()	• 액티비티가 중지된 이후 호출 • 다시 시작되기 바로 전에 호출
onPause()	• 또 다른 액티비티를 시작하려고 할 때 호출 • 액티비티가 이 상태에 들어가면 시스템은 액티비티를 강제 종료할 수 있다.
onStop()	• 액티비티가 사용자에게 더 이상 보이지 않을 때 호출 • 액티비티가 이 상태에 들어가면 시스템은 액티비티를 강제 종료할 수 있다.
onDestroy()	• 액티비티가 소멸돼 없어지기 전에 호출 • 액티비티가 시스템으로부터 받는 마지막 호출 • 액티비티가 이 상태에 들어가면 시스템은 액티비티를 강제 종료할 수 있다.

지금까지 액티비티의 개념, 생명주기 및 각 상태설명과 액티비티의 데이터 저장까지 두루 살펴봤다. 이러한 정보는 개발에 필요한 정보이나 안드로이드 애플리케이션의 액티비티 클래스를 분석하는 데 기본이 되므로 반드시 알아둬야 한다.

1.1.2 서비스

안드로이드 애플리케이션 구성 요소 중 하나인 서비스^{Service}는 백그라운드에서 실행되는 프로세스를 의미한다. 액티비티는 화면에 무엇인가를 보여주었지만, 서비스는 액티비티와 같은데 화면에 보여주는 것이 없다는 것만 다를 뿐 서비스는 액티비티와 같다고 생각하면 된다.

쉬운 예로 휴대전화로 음악을 들을 때를 생각해보자. 화면은 다른 것을 실행하거나, 검색하더라도 백그라운드로 음악을 재생하는 것, 네트워크 통신을 하는 것이다. 이것이 서비스를 이용한 것이다. 서비스도 애플리케이션 구성 요소이므로 새로운 서비스를 만들면 항상 AndroidManifest.xml 파일에 등록해야 한다.

서비스는 다음 그림과 같이 Service 클래스를 상속해 정의한다.

```java
public class MyService extends Service implements Runnable {
    private int count = 0;

    public void onCreate() {
        super.onCreate();

        Thread testThread = new Thread(this);
        testThread.start();
    }

    @Override
    public void run() {
        while (true) {
            try {
                Log.i("ServiceTest", "count : " +count);
                count ++;

                Thread.sleep(5000);
            } catch (Exception e) {

            }
        }
    }

    @Override
    public IBinder onBind(Intent intent) {...}
}
```

▲ 서비스 클래스

이 클래스는 Runnable 인터페이스를 구현했기 때문에 run() 메소드로 스레드가 실행되도록 했다. 스레드는 onCreate() 메소드 안에서 실행되는데 액티비티의 그

것과 같이 서비스가 생성될 때 시스템에 의해서 onCreate() 메소드가 호출되고 이때 스레드가 실행돼 5초마다 count 값을 1 증가시키고, 로그로 값을 출력한다.

서비스는 액티비티와 다르게 화면을 구성하는 리소스가 없기 때문에 onCreate() 메소드에 파라미터로 전달되는 값은 없다.

위 코드에서 확인할 수 있듯이 서비스를 시작하려면 startService()를 호출하고, 서비스를 종료하고 싶으면 stopService() 메소드를 호출한다.

서비스 생명주기

다음은 구글에서 발췌한 서비스 생명주기로 Unbounded Service, Bounded Service의 생명주기를 함께 표시했다.

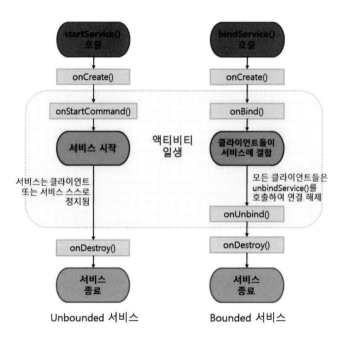

▲ 출처: https://developer.android.com/guide/components/services.html

28

위 생명주기 그림과 같이 서비스는 두 가지 타입으로 나뉘는데 Unbound 타입, Bound 타입이다. 먼저 Unbound 타입은 `startService()` 메소드에 의해 실행되는 타입으로 한 번 실행되면 백그라운드에서 무기한으로 실행된다.

Bound 타입은 `bindService()` 호출로 시작해 클라이언트와 서버와 같이 동작하고 액티비티는 서비스에게 어떤 요청을 하고 서비스는 그 요청에 대한 결과를 반환하며 여러 개의 액티비티와 연결될 수 있는 타입이다.

1.1.3 브로드캐스트 수신자

브로드캐스팅^{BoardCasting}은 메시지를 여러 객체에게 전달하는 방법을 의미한다. 안드로이드 시스템에서는 여러 객체에 메시지를 전달하고 싶은 경우에 브로드캐스팅을 사용한다. 예를 들어, 전화나 문자메시지 등을 수신했을 경우 기본적으로 설치돼 있는 애플리케이션 외에 이러한 것들을 처리하는 다른 애플리케이션들에게 알려줄 필요가 있고, 이럴 때 브로드캐스팅을 사용한다.

이렇게 전달된 브로드캐스팅 메시지는 브로드캐스트 수신자^{Broadcast Receiver}라는 애플리케이션 구성 요소를 이용해서 받을 수 있다.

위에서 언급한 액티비티, 서비스와 마찬가지로 브로드캐스트 수신자도 애플리케이션 구성 요소이므로 새로운 브로드캐스트 수신자를 만들게 되면 AndroidManifest.xml 파일에 등록하는 방법과 자바코드상에서 `registerReceiver()`라는 메소드를 이용해서 등록하는 방법이 있다.

다음 그림처럼 안드로이드 시스템은 메시지를 브로드캐스팅으로 하고, 브로드캐스트 수신자는 `onReceive()` 메소드를 통해서 브로드캐스팅 메시지를 처리한다.

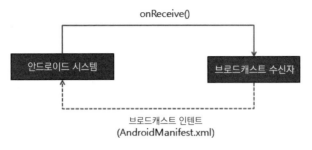

onReceive()

안드로이드 시스템   브로드캐스트 수신자

브로드캐스트 인텐트
(AndroidManifest.xml)

▲ 브로드캐스트 처리 흐름도

다음은 브로드캐스트 수신자^{Broadcast Receiver} 클래스로 onReceive() 메소드에 수신하고 싶은 메시지가 있다면 인텐트 필터를 이용해서 처리하면 된다. 아래 코드에서 문자메시지 수신이라는 액션 정보가 맞으면 SMS RECEIVED!!라는 로그를 출력하고, TEST!!!라는 액션 정보는 그에 따른 다른 작업을 처리하도록 하는 예다.

```java
public class MyReceiver extends BroadcastReceiver {
    public MyReceiver() {
    }

    @Override
    public void onReceive(Context context, Intent intent) {
        // TODO: This method is called when the BroadcastReceiver is receiving
        // an Intent broadcast.

        if (intent.getAction().equals("android.provider.Telephony.SMS_RECEIVED")) {
            Log.d("Receiver","SMS RECEIVED!!");
        }

        if (intent.getAction().equals("TEST!!!")) {
            Log.d("Receiver","TEST BroadcastReceive");
        }

        throw new UnsupportedOperationException("Not yet implemented");
    }
}
```

▲ onRecevice() 메소드

1.1.4 콘텐츠 제공자

구글의 개발자 페이지에 정의돼 있는 콘텐츠 제공자^{Content Provider}의 의미를 살펴보면 "콘텐츠 제공자는 구조화된 데이터 세트의 액세스를 관리합니다. 데이터를 캡슐화해 데이터 보안을 정의하는 데 필요한 메커니즘을 제공하기도 합니다. 콘텐츠 제공자는 한 프로세스의 데이터에 다른 프로세스에서 실행 중인 코드를 연결하는 표준 인터페이스입니다."라고 돼 있다. 쉽게 정의하면 다음 그림과 같다.

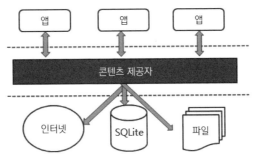

▲ 콘텐츠 제공자 구조

콘텐츠 제공자는 애플리케이션 간의 데이터 공유를 위해 표준화된 인터페이스를 제공하는 컴포넌트다. 콘텐츠 제공자가 제공하는 실제 데이터는 파일시스템이나 데이터베이스, 네트워크 등이 있을 수 있다.

안드로이드 시스템에서 애플리케이션은 콘텐츠 제공자를 통해 제공하고자 설정한 공유범위 내에서 네트워크, 데이터베이스, 파일시스템을 제공할 수 있고, 다른 애플리케이션은 콘텐츠 해결자^{Content Resolver}를 통해서 관련 정보를 얻을 수 있다. 안드로이드 시스템의 각종 설정값이나, SD 카드내 미디어 파일 등도 콘텐츠 제공자를 통해 접근 가능한 것이다.

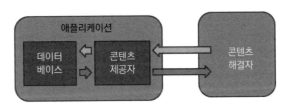

▲ 콘텐츠 제공자와 콘텐츠 해결자 처리도

콘텐츠 제공자의 주소는 인터넷상의 URL 주소의 상위 개념의 URI^{Uniform Resource} Identifier 형식으로 구성돼 있고, 이 주소를 이용해야 콘텐츠 제공자에 접근 가능하다. 콘텐츠 제공자의 각 URI의 정보는 다음과 같다.

<prefix>://<authority>/<data_type>/<id>

- prefix: 콘텐츠 제공자를 사용한다는 고정적인 스킴^{Scheme}으로 항상 content:// 로 시작한다.
- authority: 콘텐츠 제공자를 구분하기 위한 고유 이름이다. 접근하는 제공자를 명시하는 것으로 다른 제공자들과 중복돼서는 안 되고, 일반적으로 com.hello.word처럼 패키지 이름을 사용한다.
- data_type: 콘텐츠 제공자가 제공할 데이터의 타입을 정한다. 콘텐츠 제공자가 제공하는 데이터의 타입이 하나라면 비워두고 슬래시 기호를 여러 개 연결해 사용할 수도 있다.
- id: 요청된 레코드의 아이디로, id가 없다면 요청한 전체의 데이터를 의미한다.

다음은 콘텐츠 제공자의 메소드 이름과 기능을 정리한 것이다.

▲ 콘텐츠 제공자 메소드

메소드	설명
onCreate( )	콘텐츠 제공자가 시작할 때 호출되는 메소드
query( )	클라이언트로부터 요청한 데이터를 수신하는 메소드
insert( )	콘텐츠 제공자에 새로운 데이터를 삽입하는 메소드
delete( )	콘텐츠 제공자에 존재하는 데이터를 삭제하는 메소드
update( )	콘텐츠 제공자에 존재하는 데이터를 갱신하는 메소드
getType( )	URI 요청 시 데이터의 MIME 타입을 되돌려주는 메소드

지금까지 안드로이드 애플리케이션의 필수 네 가지 구성 요소에 대한 설명 및 기능을 코드를 예로 들어 설명했다. 안드로이드 애플리케이션 개발에 관한 설명이지만 액티비티, 서비스, 브로드캐스트, 콘텐츠 제공자 클래스를 분석하는 데 기본이 되므로 알아 두면 코드를 분석하는 데 많은 도움이 될 것이다.

참고 **안드로이드 앱 프로그래밍**

https://developer.android.com/guide/topics/providers/content-provider-creating.html?hl=ko

2장

안드로이드 리버스 엔지니어링을 위한 환경 구축

2.1 디바이스 설정

2.1.1 ADB 접속을 위한 USB 디버깅 활성화

안드로이드 기기와 USB 케이블을 이용해서 기기의 로그를 확인하거나 애플리케이션을 설치하거나, adb를 이용해서 작업을 하기 위해서는 **개발자 옵션**에서 **USB 디버깅**을 활성화시켜줘야 한다.

이 책에서는 테스트 장비로 Nexus 5를 사용하고 있어서 Nexus 5 기종을 대상으로 설명할 것이며, 다른 안드로이드 모바일 기기도 비슷하다.

먼저 휴대전화 화면의 상단을 쓸어 내리듯 드래그하면 다음 그림과 같은 화면이 나타난다. 톱니바퀴 모양의 설정 아이콘을 클릭한다.

▲ 설정

톱니바퀴 모양을 클릭하면 무선 네트워크, 기기, 개인, 시스템 항목들이 보이는데 화면의 하단을 살펴보면 **휴대전화 정보**라는 항목이 보인다.

▲ 휴대전화 정보

휴대전화 정보를 클릭하면 안드로이드 버전, 커널 버전, 빌드 번호를 확인할 수 있고, **개발자 옵션**을 활성화하려면 다음 그림의 빌드 번호를 5번 클릭해야 한다.

▲ 빌드 번호

빌드 번호를 5번 클릭하면 '개발자 옵션이 활성화되었습니다'라는 토스트 메시지가 보인다. 이제 뒤로 가기를 클릭 후 설정으로 들어가면 다음 그림과 같이 숨은 항목인 **개발자 옵션** 메뉴가 활성화된 것을 확인할 수 있을 것이다. 이미 개발자 옵션이 활성화돼 있다면 다음 그림처럼 **이미 개발자입니다**라는 문구가 뜬다.

▲ 개발자 옵션이 활성화된 경우

활성화된 개발자 옵션으로 들어가서 중간쯤에 보이는 USB 디버깅 옵션을 활성화시켜야 한다.

▲ USB 디버깅 활성화

이제 안드로이드 모바일 기기와 PC를 USB 케이블로 연결한다. 연결 후 터미널에서 접속을 시도한다.

▲ adb를 이용해 모바일 기기 접속

위 그림처럼 adb를 이용해 안드로이드 기기에 접속하면 안드로이드 기기에 다음 그림과 같이 신뢰할 만한 기기인지 확인하는 작업을 한다.

▲ RSA 키 지문

연결한 안드로이드 기기를 이용해 앞으로 많은 작업을 할 것이기 때문에 **이 컴퓨터에서 항성 허용**을 선택하고 **확인** 버튼을 누른다. 이미 허용한 RSA 키 지문을 해제하고 싶다면 개발자 옵션의 **USB 디비깅 권한 승인 취소**를 클릭하면 저장돼 있는 RSA 키 지문이 삭제돼 다음 번 디버깅 시 안드로이드 기기에서 다시 허용해야 한다.

```
● ● ●   welcomehi@ubuntu: ~
welcomehi@ubuntu:~$ adb shell
shell@hammerhead:/ $ id
uid=2000(shell) gid=2000(shell) groups=1003(graphics),1004(input),1007(log),1011
(adb),1015(sdcard_rw),1028(sdcard_r),3001(net_bt_admin),3002(net_bt),3003(inet),
3006(net_bw_stats) context=u:r:shell:s0
shell@hammerhead:/ $ █
```

▲ adb를 이용해 모바일 기기 접속

2.1.2 루팅

루팅Rooting은 '기기의 모든 기능을 제한 없이 사용하기 위해서 최고의 권한인 root 권한을 얻는 행위'라고 말할 수 있다. 안드로이드 플랫폼 모바일 기기를 샀을 때 기본 권한은 셸shell 권한이다. 셸 권한으로 할 수 있는 것은 애플리케이션을 설치하고, 사진을 찍을 수 있으며 프로세스 목록 확인, sdcard 영역에 파일 집어넣기 등 많지만 정작 리버스 엔지니어링에 필요한 일을 하기 위해서는 권한이 없어 필요한 작업을 할 수 없다. 이러한 이유로 루팅 작업이 선행돼야 한다.

이 책에서는 다양한 루팅 방법을 다루지는 않지만, 구글을 통해서 테스트에 사용되고 있는 모바일 기기의 커널 버전, 안드로이드 버전에 최적화된 루팅 익스플로잇Rooting Exploit들을 찾아보거나, 커스텀롬 등을 이용한 루팅 방법을 쉽게 찾을 수 있으니 참고해 자신이 사용하고자 하는 모바일기기의 루팅을 진행하면 된다.

2.1.3 다양한 명령을 사용하기 위한 BusyBox 설치

안드로이드 기기에 이미 설치돼 있는 ls, ps와 같은 툴셋 외에 다양한 툴셋을 사용하기 위해 임베디드 환경에서 많이 사용하고 있는 BusyBox라는 툴셋이 있다. 맥가이버 칼로 알고 있는 스위스산 손 칼에는 다용도의 도구들이 같이 있듯이 BusyBox도 다용도로 유용하게 사용할 수 있는 툴셋이다.

안드로이드 기기의 루팅 후 플레이스토어에서 BusyBox라는 이름으로 손쉽게
다운로드 및 설치 가능하다.

▲ 플레이스토어에서 BusyBox 설치

설치 후에는 다양한 명령어를 사용할 수 있다.

2.2 안드로이드 SDK, NDK 설치

2.2.1 윈도우 환경에서 안드로이드 SDK 설치

이 책에서는 윈도우 7 환경을 기준으로 안드로이드 SDK 및 안드로이드 NDK 설
치 방법을 소개한다. SDK, NDK의 설치가 필요한 이유는 PC와 모바일 기기와의
디버깅, 파일 전송 등을 하기 위해 SDK의 설치가 필요하고, IDA를 이용해 디버깅
에 필요한 프로그램 등을 컴파일하기 위해서 NDK 설치가 필요하기 때문이다.

자바 버전 확인

우선 현재 자신의 컴퓨터에 자바가 설치돼 있는지, 설치돼 있다면 버전은 어떻게 되는지부터 확인한다. 가장 쉽게 확인할 수 있는 방법은 콘솔 창을 이용하는 것이다.

윈도우에서 시작 메뉴를 누르고 오른쪽 하단에 **실행** 메뉴를 선택하고 cmd.exe를 입력한다.

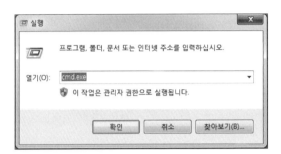

cmd.exe 입력 후 **확인** 버튼을 누르면 다음 그림과 같이 관리자 권한으로 명령어 능을 입력할 수 있는 콘솔 창이 나타난다.

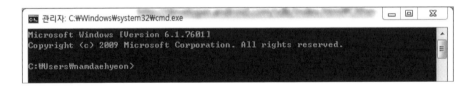

안드로이드 SDK를 설치하기 위해 현재 사용 중인 윈도우 7 환경에서 자바 버전을 확인해야 하기 때문에 콘솔 창에 Java -version이라고 입력하면 자바가 설치돼 있다면 다음 그림처럼 설치돼 있는 자바 버전이 출력된다.

```
C:\Users\namdaehyeon>java -version
java version "1.7.0_79"
Java(TM) SE Runtime Environment (build 1.7.0_79-b15)
Java HotSpot(TM) Client VM (build 24.79-b02, mixed mode, sharing)

C:\Users\namdaehyeon>
```

자바가 설치돼 있지 않다면 다음과 같은 문구가 출력된다.

```
C:\Users\namdaehyeon>java
'java'은(는) 내부 또는 외부 명령, 실행할 수 있는 프로그램, 또는 배치 파일이 아닙니다.
```

자바가 설치되지 않았을 경우 아래의 과정을 참고해 자바 SDK를 설치한다. 편의상 JDK 7 버전으로 했으나, JDK 8도 설치 과정이 같거나 비슷하다.

자바 다운로드

먼저 필요한 JDK는 구글에서 검색해 다운로드할 수 있다. 다음 링크에서도 jdk7 버전을 다운로드할 수 있다.

http://www.oracle.com/technetwork/java/javase/downloads/jdk7-downloads-1880260.html

위 URL에 접속 후 브라우저의 스크롤, 또는 마우스휠을 내리면 다음과 같이 플랫폼별로 다운로드할 수 있는 곳을 확인할 수 있다.

Looking for JDK on ARM?
JDK 7 for ARM downloads have moved to the JDK 7 for ARM download page.

Java SE Development Kit 7u79
You must accept the Oracle Binary Code License Agreement for Java SE to download this software.

○ Accept License Agreement   ◉ Decline License Agreement

Product / File Description	File Size	Download
Linux x86	130.4 MB	jdk-7u79-linux-i586.rpm
Linux x86	147.6 MB	jdk-7u79-linux-i586.tar.gz
Linux x64	131.69 MB	jdk-7u79-linux-x64.rpm
Linux x64	146.4 MB	jdk-7u79-linux-x64.tar.gz
Mac OS X x64	196.89 MB	jdk-7u79-macosx-x64.dmg
Solaris x86 (SVR4 package)	140.79 MB	jdk-7u79-solaris-i586.tar.Z
Solaris x86	96.66 MB	jdk-7u79-solaris-i586.tar.gz
Solaris x64 (SVR4 package)	24.67 MB	jdk-7u79-solaris-x64.tar.Z
Solaris x64	16.38 MB	jdk-7u79-solaris-x64.tar.gz
Solaris SPARC (SVR4 package)	140 MB	jdk-7u79-solaris-sparc.tar.Z
Solaris SPARC	99.4 MB	jdk-7u79-solaris-sparc.tar.gz
Solaris SPARC 64-bit (SVR4 package)	24 MB	jdk-7u79-solaris-sparcv9.tar.Z
Solaris SPARC 64-bit	18.4 MB	jdk-7u79-solaris-sparcv9.tar.gz
Windows x86	138.31 MB	jdk-7u79-windows-i586.exe
Windows x64	140.06 MB	jdk-7u79-windows-x64.exe

▲ 다양한 플랫폼별 자바 킷

위 그림을 예로 들어 설명하면 상단에 Java SE Development Kit 7u79라는 문구가 보이고 아래로 자바 라이선스에 동의해야 다운로드가 가능하다. Accept License Agreement 라디오버튼을 클릭하고, 현재 윈도우 7 환경에 맞는 자바를 설치할 것이므로 Windows x86, Windows x64 둘 중 자신의 환경에 맞는 버전을 선택한다. 32비트 운영체제를 사용한다면 x86 버전을 다운로드하고, 64비트 운영체제를 사용한다면 x64 버전의 JDK를 다운로드한다.

자바 설치

다운로드가 완료되면 C:\Users\사용자명\Downloads 폴더로 이동한다. 아키텍처마다 이름은 조금씩 다를 수 있지만 jdk-7u79-windows-i586.exe라는 이름과 비슷한 실행파일을 확인할 수 있다. jdk-7u79-windows로 시작하는 설치 프로그램을 실행하면 다음 화면을 볼 수 있다.

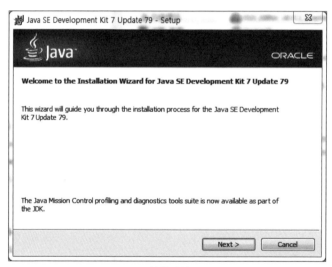

▲ 설치 과정 1

Next 버튼을 눌러 진행한다.

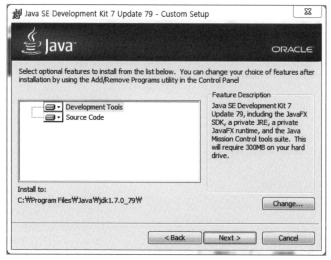

▲ 설치 과정 2

Next 버튼을 눌러 진행한다.

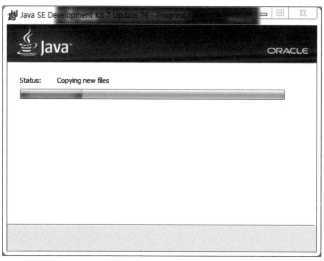

▲ 설치 과정 3

자동으로 설치가 진행되며 설치가 완료되면 다음과 같은 설치 완료 화면이 나타난다.

▲ 설치 과정 4

이제 Close 버튼을 눌러 창을 닫고, 자바 버전을 확인했던 방법과 동일하게 현재 설치된 자바 버전을 확인한다. 위에서 했던 방법으로 다시 시작 아이콘을 누르고 오른쪽 하단에 **실행** 메뉴를 선택하고 cmd.exe를 입력한다.

▲ 콘솔창 실행

확인 버튼을 누르면 관리자 권한으로 명령을 입력할 수 있는 창이 나타난다.

▲ 관리자 권한으로 실행된 콘솔 창

JDK를 설치했으므로 이제 자바 버전을 확인할 수 있다.

2.2.2 안드로이드 스튜디오를 이용한 안드로이드 SDK 설치

안드로이드 스튜디오 다운로드

다음으로 윈도우 플랫폼 안드로이드 SDK를 설치해보자.

안드로이드 SDK는 구 버전의 이클립스^{Eclipse}를 이용해 설치하는 방법도 있고, 안드로이드 스튜디오를 이용해 설치하는 방법도 있다. 즐겨 사용하는 브라우저에서 www.google.co.kr에 접속해 Android SDK를 입력해 검색한다. 첫 번째로 보이는 링크를 클릭해 접속하거나 다음 http://developer.android.com/sdk/installing/index.html에 직접 접속하면 Android SDK 설치에 필요한 파일을 다운로드할 수 있는 곳을 다음과 같이 확인할 수 있다.

Installing the Android SDK

If you haven't already, download the Android SDK bundle for Android Studio or the stand-alone SDK Tools.

Then, select which SDK bundle you want to install:

ANDROID STUDIO   STAND-ALONE SDK TOOLS

▲ 안드로이드 SDK 다운로드

쉽게 하기 위해 안드로이드 스튜디오를 이용해 Android SDK를 설치하겠다.

안드로이드 SDK 설치

Installing the Android SDK 항목 Android Studio 버튼을 클릭해 안드로이드 스튜디오를 다운로드한다.

▲ 다운로드된 안드로이드 스튜디오

다운로드 폴더에서 Android Studio 찾아 설치를 위해 실행시킨다. 설치화면은 위 그림과 같으며, 계속 설치를 위해 Next 버튼을 클릭한다.

▲ 안드로이드 스튜디오 설치 과정 1

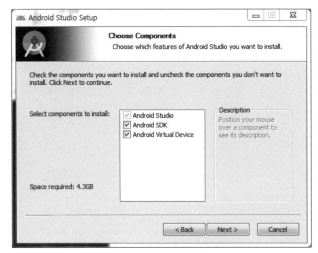

▲ 안드로이드 스튜디오 설치 과정 2

설치를 계속하기 위해 Next 버튼을 클릭한다.

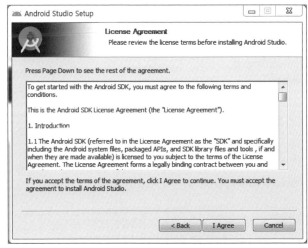

▲ 안드로이드 스튜디오 설치 과정 3

I Agree 버튼을 클릭하면 SDK의 설치 경로를 지정할 수 있는 화면이 나타난다. 변경 없이 Next 버튼을 클릭해 계속 진행한다.

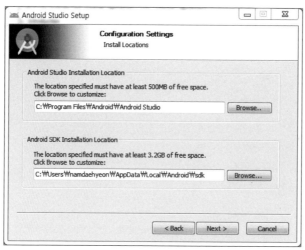

▲ 안드로이드 스튜디오 설치 과정 4

시작 메뉴에 나타날 폴더 이름을 설정하는 곳이다. 별도 변경 없이 Next 버튼을
클릭한다.

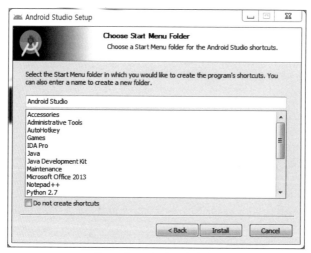

▲ 안드로이드 스튜디오 설치 과정 5

그 후 시작 버튼을 눌렀을 때 Android Studio 폴더명으로 생성할 것인지 다른 이름으로 생성할 것인지 확인하는 설정이 나오는데 별도의 변경 없이 **설치**(Install) 버튼을 클릭하면 안드로이드 스튜디오 설치가 진행된다. 이제 설치가 완료될 때까지 기다린다.

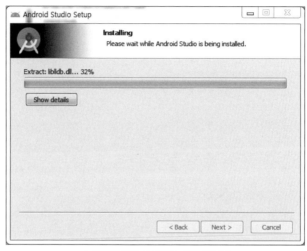

▲ 안드로이드 스튜디오 설치 과정 6

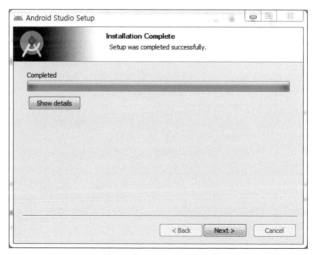

▲ 안드로이드 스튜디오 설치 완료

위 그림과 같이 안드로이드 스튜디오의 설치가 완료됐다. 설치한 안드로이드 스튜디오를 실행해 안드로이드 SDK를 설치한다.

▲ 안드로이드 스튜디오 설정 정보 가져오기

이전 버전이 없기 때문에 위의 기본 설정으로 시작한다. 안드로이드 스튜디오 실행 시 필요한 SDK를 자동으로 다운로드한다.

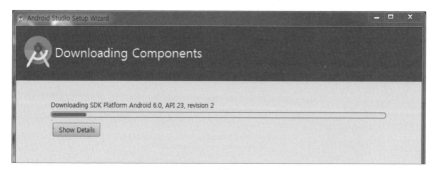
▲ SDK 다운로드 1

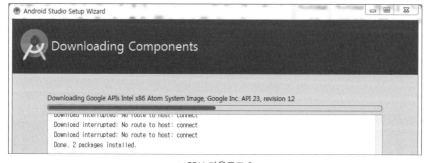
▲ SDK 다운로드 2

SDK 다운로드가 완료됐다. 이제 안드로이드 스튜디오를 종료해도 된다.

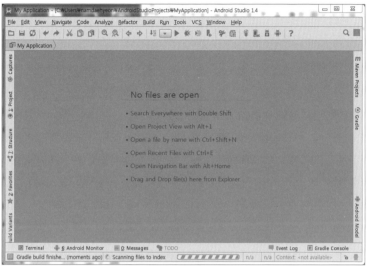

▲ 안드로이드 스튜디오를 이용한 SDK 설치 완료

환경 변수 등록

안드로이드 SDK 설치가 완료됐으니, 콘솔 창에서 ADB[Android Debug Bridge]를 원활히 사용하기 위해서 SDK 폴더 내 adb.exe 프로그램이 있는 경로를 환경 변수에 등록해주어야 한다.

환경 변수 등록을 위해서 **윈도우 > 컴퓨터 > 속성**을 선택한다.

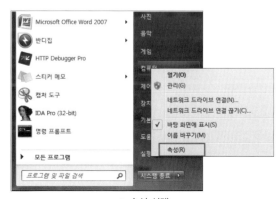

▲ 속성 선택

▲ 고급 시스템 설정

컴퓨터에 대한 기본 정보 보기가 보이면 좌측에 보이는 **고급 시스템 설정**을 선택한다. 선택하면 다음과 같이 시스템 속성 창이 나타난다.

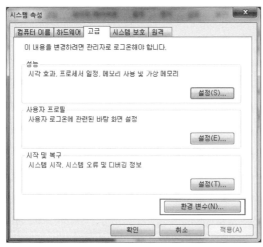

▲ 환경 변수 선택

환경 변수 버튼을 클릭하면 다음과 같은 **사용자 변수 편집**이란 이름의 창이 나타난다. 변수 값에 새로운 데이터 값을 넣으려면 이미 입력된 값의 마지막에 ";" 값을 넣고 새로운 데이터 값을 넣어주면 된다.

▲ 환경 변수에 경로 추가

앞서 안드로이드 스튜디오를 통해 Android SDK를 설치했을 때의 경로가 C:\ Users\namdaehyeon\AppData\Local\Android\sdk\platform-tools 폴더이 므로 ";" 다음의 값에 C:\Users\namdaehyeon\AppData\Local\Android\sdk\ platform-tools\ 값을 입력한 후 **확인** 버튼을 눌러 저장한다.

저장 후 바로 반영되므로 콘솔 창(cmd.exe)을 실행 후 **adb.exe** 입력해 Android Debug Bridge를 사용할 수 있다.

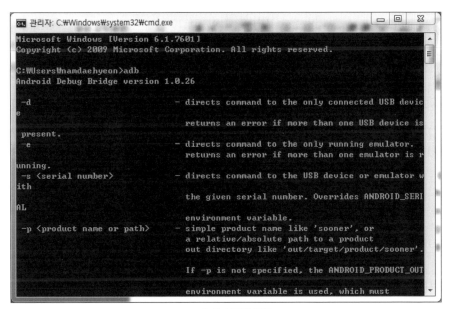

▲ adb의 사용법 확인

2.3 우분투 환경에서 안드로이드 SDK 설치

2.3.1 자바 버전 확인 및 설치

많이 사용하고 있는 우분투^{Ubuntu} 16.10 환경에서 안드로이드 SDK 및 안드로이드
NDK 설치 방법에 대해 알아보자.

자바 버전 확인

우분투 환경에서 터미널을 실행하고 java라고 입력해보자.

```
welcomehi@ubuntu:~$ java
The program 'java' can be found in the following packages:
 * default-jre
 * gcj-5-jre-headless
 * openjdk-8-jre-headless
 * gcj-4.8-jre-headless
 * gcj-4.9-jre-headless
 * gcj-6-jre-headless
 * openjdk-9-jre-headless
Try: sudo apt install <selected package>
welcomehi@ubuntu:~$
```

▲ 터미널에 Java 명령어 입력

이렇게 입력했을 때 자바가 설치되지 않았다면 "The program 'java' can be
found in the following packages:" 에러를 볼 수 있고, 자바를 설치할 수 있
는 패키지를 안내해 준다.

자바 설치

```
sudo apt-get install openjdk-8-jre-headless
```

위 여러 버전 중에서 openjdk-8-jre-headless를 선택했다. 터미널에 위의 명령
으로 자바를 설치한다.

▲ Java 설치 명령어 입력

계정의 비밀번호를 입력하고 Y를 눌러 패키지를 설치한다.

▲ 자바 설치 완료

안드로이드 SDK 사용을 위한 자바 설치가 완료됐다.

자바 버전 확인

설치가 완료되면 터미널 창에 Java -version을 입력해 버전을 확인한다.

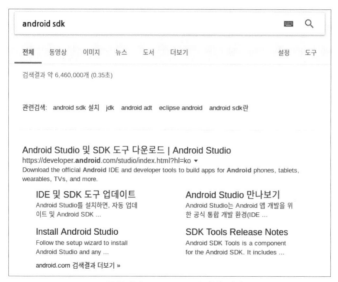

▲ 설치된 자바 버전 확인

2.3.2 안드로이드 SDK의 다운로드와 설치

구글에서 android sdk로 검색하면 첫 번째로 보이는 링크가 있고, 그 아래쪽으로
Install Android Studio 같은 하위링크가 보인다. Install Android Studio를 클릭한다.

▲ 구글에서 Android SDK 검색 결과

클릭하면 안드로이드 스튜디오를 다운로드할 수 있는 페이지로 이동한다.

▲ 안드로이드 스튜디오 다운로드 페이지

Download Android Studio 버튼을 클릭하면 다음 그림과 같이 이용약관 동의 후 다운로드할 수 있는 버튼이 활성화된다. 동의를 체크하고 다운로드한다.

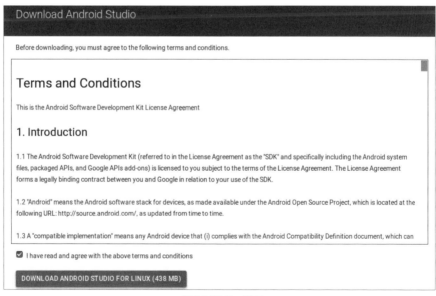

▲ 약관 동의 후 다운로드

다운로드 완료 후 ~/Downloads 폴더로 이동하면 다운로드된 zip 파일을 확인할 수 있다. 여기서는 android-studio-ide-145.3537739-linux.zip과 Android Studio v2.2.3 버전을 다운로드한다.

다운로드한 압축파일은 Archive Manager를 이용해서 압축 해제할 수 있고, 터미널을 이용할 수도 있다. 터미널을 이용하는 방법은 다운로드한 파일은 ~/Downloads 폴더에 있고, 압축 해제는 홈디렉터리에 하고 싶다면 다음의 명령어로 가능하다.

```
unzip android-studio-ide-145.3537739-linux.zip -d ~/
```

홈디렉터리의 android-studio 폴더에 압축 해제 후 안드로이드 SDK 다운로드를 위해 안드로이드 스튜디오를 실행시킬 차례다.

▲ Android Studio 폴더

홈디렉터리의 /android-studio/bin 폴더에 studio.sh 스크립트 파일이 있다.

이 스크립트 파일을 실행시키면 안드로이드 스튜디오가 실행된다.

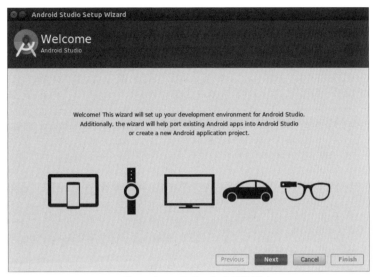

▲ 안드로이드 스튜디오 초기 실행 화면

안드로이드 스튜디오 초기 실행 화면이다. 별도의 설정이 필요치 않으며 Next 버튼을 클릭해 다음 화면으로 이동한다.

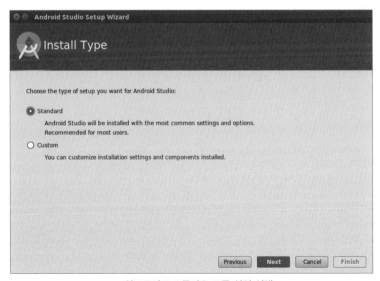

▲ 안드로이드 스튜디오 표준 설치 선택

위의 화면은 설치할 것들을 선택할 수 있는 창이다. Standard를 선택하면 최신 SDK를 다운로드하며 Custom 항목을 선택하면 사용자가 원하는 SDK 등을 선택할 수 있다. 특별히 사용자가 원하는 SDK가 있다면 Custom을 선택해 다운로드한다. 여기서는 최신 SDK를 받기 위해 Next 버튼을 클릭해 다음 화면으로 이동한다.

다음 화면은 다운로드할 SDK 경로, 버전 및 크기, 컴포넌트 등을 다시 확인하는 화면이다.

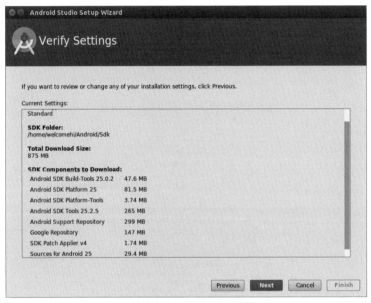

▲ 설치된 SDK 및 컴포넌트 확인

별도의 설정이 필요가 없기 때문에 Next 버튼을 눌러 다음 화면으로 이동한다. 다음 화면 이동 후 다운로드가 시작된다.

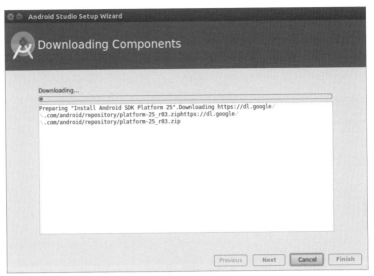

▲ 다운로드 시작

SDK 다운로드가 완료된 후 추가적으로 이전 버전의 SDK를 다운로드하고 싶다면 Configure 메뉴에서 SDK Manager를 선택해 설치할 수 있다.

SDK Manager 메뉴 선택 시 나타나는 화면에서 필요한 SDK를 선택 후 Apply 버튼을 누르면 다운로드된다.

Manager for the Android SDK and Tools used by Android Studio

Android SDK Location: /home/welcomehi/Android/Sdk   Edit

SDK Platforms | SDK Tools | SDK Update Sites

Each Android SDK Platform package includes the Android platform and sources pertaining to an API level by default. Once installed, Android Studio will automatically check for updates. Check "show package details" to display individual SDK components.

Name	API Level	Revision	Status
☑ Android 7.1.1 (Nougat)	25	3	Installed
☐ Android 7.0 (Nougat)	24	2	Not installed
☐ Android 6.0 (Marshmallow)	23	3	Not installed
☐ Android 5.1 (Lollipop)	22	2	Not installed
☐ Android 5.0 (Lollipop)	21	2	Not installed
☐ Android 4.4W (KitKat Wear)	20	2	Not installed
☐ Android 4.4 (KitKat)	19	4	Not installed
☐ Android 4.3 (Jelly Bean)	18	3	Not installed
☐ Android 4.2 (Jelly Bean)	17	3	Not installed
☐ Android 4.1 (Jelly Bean)	16	5	Not installed
☐ Android 4.0.3 (IceCreamSandwich)	15	5	Not installed
☐ Android 4.0 (IceCreamSandwich)	14	4	Not installed
☐ Android 3.2 (Honeycomb)	13	1	Not installed
☐ Android 3.1 (Honeycomb)	12	3	Not installed
☐ Android 3.0 (Honeycomb)	11	2	Not installed
☐ Android 2.3.3 (Gingerbread)	10	2	Not installed
☐ Android 2.3 (Gingerbread)	9	2	Not installed
☐ Android 2.2 (Froyo)	8	3	Not installed
☐ Android 2.1 (Eclair)	7	3	Not installed

☐ Show Package Details

Launch Standalone SDK Manager

OK | Cancel | Apply | Help

▲ 안드로이드 SDK 선택 화면

홈디렉터리에 Android 폴더 Sdk 폴더에 다운로드된 SDK 파일들이 있다.

```
welcomehi@ubuntu: ~/Android/Sdk/platform-tools
welcomehi@ubuntu:~/Android/Sdk$ ls -al
total 40
drwxr-xr-x  9 welcomehi welcomehi 4096 Jan 28 19:33 .
drwxr-xr-x  3 welcomehi welcomehi 4096 Jan 28 19:28 ..
drwxr-xr-x  3 welcomehi welcomehi 4096 Jan 28 19:32 build-tools
drwxr-xr-x  4 welcomehi welcomehi 4096 Jan 28 19:33 extras
-rw-r--r--  1 welcomehi welcomehi   16 Jan 28 19:35 .knownPackages
drwxr-xr-x  3 welcomehi welcomehi 4096 Jan 28 19:31 patcher
drwxr-xr-x  3 welcomehi welcomehi 4096 Jan 28 19:30 platforms
drwxr-xr-x  5 welcomehi welcomehi 4096 Jan 28 19:32 platform-tools
drwxr-xr-x  3 welcomehi welcomehi 4096 Jan 28 19:31 sources
drwxr-xr-x 12 welcomehi welcomehi 4096 Jan 28 19:33 tools
welcomehi@ubuntu:~/Android/Sdk$ cd platform-tools/
welcomehi@ubuntu:~/Android/Sdk/platform-tools$ ls
adb   dmtracedump  fastboot     lib64         package.xml        sqlite3
api   etc1tool     hprof-conv   NOTICE.txt    source.properties  systrace
welcomehi@ubuntu:~/Android/Sdk/platform-tools$ pwd
/home/welcomehi/Android/Sdk/platform-tools
welcomehi@ubuntu:~/Android/Sdk/platform-tools$
```

▲ SDK 설치 후 추가된 것들

2.3.3 안드로이드 SDK 환경 변수 설정

앞 과정에서 SDK 설치로 인해서 안드로이드 기기와 파일을 주고 받거나, 디버깅에 사용되는 ADB^{Android debug bridge} 등이 설치됐고, ADB는 홈디렉터리 Android/Sdk 폴더 내 platform-tools 안에 들어 있다.

모든 경로에서 ADB를 사용하기 위해서 환경 변수를 등록해야 한다. 환경 변수를 등록하는 곳은 여러 곳이 있지만 홈디렉터리의 .bashrc 파일에 환경 변수를 등록할 것이다.~/.bashrc 파일의 하단에 다음과 같이 기존의 PATH에 설정돼 있는 값에 설치했던 ~/Android/Sdk/platform-tools 폴더의 경로를 추가한다.

▲ 환경 변수 등록

이제 터미널에서 adb 명령어만 입력하면 Android Debug Bridge가 실행된다.

```
source ~/.bashrc
```

source ~/.bashrc를 입력해 현재 열려 있는 터미널에서도 변경한 PATH를 적용받을 수 있도록 한다.

```
welcomehi@ubuntu: ~/Android/Sdk/platform-tools
total 40
drwxr-xr-x  9 welcomehi welcomehi 4096 Jan 28 19:33 .
drwxr-xr-x  3 welcomehi welcomehi 4096 Jan 28 19:28 ..
drwxr-xr-x  3 welcomehi welcomehi 4096 Jan 28 19:32 build-tools
drwxr-xr-x  4 welcomehi welcomehi 4096 Jan 28 19:33 extras
-rw-r--r--  1 welcomehi welcomehi   16 Jan 28 19:35 .knownPackages
drwxr-xr-x  3 welcomehi welcomehi 4096 Jan 28 19:31 patcher
drwxr-xr-x  3 welcomehi welcomehi 4096 Jan 28 19:30 platforms
drwxr-xr-x  5 welcomehi welcomehi 4096 Jan 28 19:32 platform-tools
drwxr-xr-x  3 welcomehi welcomehi 4096 Jan 28 19:31 sources
drwxr-xr-x 12 welcomehi welcomehi 4096 Jan 28 19:33 tools
welcomehi@ubuntu:~/Android/Sdk$ cd platform-tools/
welcomehi@ubuntu:~/Android/Sdk/platform-tools$ ls
adb  dmtracedump  fastboot   lib64         package.xml        sqlite3
api  etc1tool     hprof-conv  NOTICE.txt    source.properties  systrace
welcomehi@ubuntu:~/Android/Sdk/platform-tools$ pwd
/home/welcomehi/Android/Sdk/platform-tools
welcomehi@ubuntu:~/Android/Sdk/platform-tools$ ls
adb  dmtracedump  fastboot   lib64         package.xml        sqlite3
api  etc1tool     hprof-conv  NOTICE.txt    source.properties  systrace
welcomehi@ubuntu:~/Android/Sdk/platform-tools$ nano ~/.bashrc
welcomehi@ubuntu:~/Android/Sdk/platform-tools$ source ~/.bashrc
welcomehi@ubuntu:~/Android/Sdk/platform-tools$
```

▲ 환경 변수 적용

2.3.4 안드로이드 NDK 다운로드 및 설치

우분투 환경에서 안드로이드 NDK 설치하려면 먼저 https://developer.android.com/ndk/downloads/index.html에서 NDK 설치 파일을 다운로드한다. 내려받은 파일에 실행 권한을 주고 실행하면 쉽게 설치할 수 있다. 여러 파일들 중에서 자신의 환경에 맞는 플랫폼과 아키텍처를 선택해 다운로드하면 된다.

이 책에서는 우분투 16.10(64bit)을 사용하므로 터미널에서 wget 등을 통해 명령어를 사용해 다운로드한다.

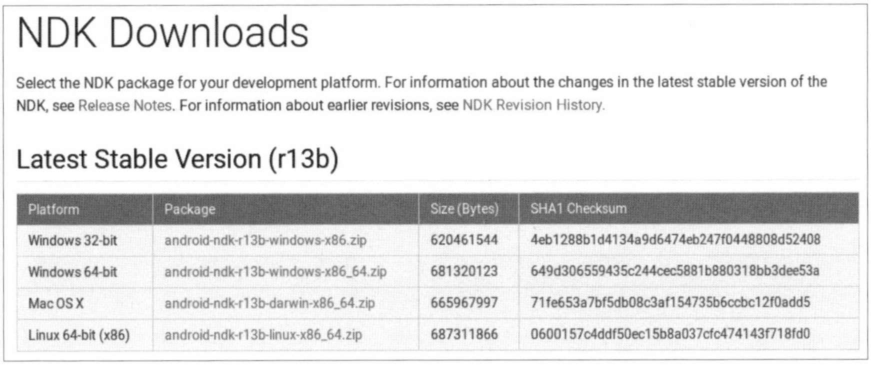

NDK Downloads

Select the NDK package for your development platform. For information about the changes in the latest stable version of the NDK, see Release Notes. For information about earlier revisions, see NDK Revision History.

Latest Stable Version (r13b)

Platform	Package	Size (Bytes)	SHA1 Checksum
Windows 32-bit	android-ndk-r13b-windows-x86.zip	620461544	4eb1288b1d4134a9d6474eb247f0448808d52408
Windows 64-bit	android-ndk-r13b-windows-x86_64.zip	681320123	649d306559435c244cec5881b880318bb3dee53a
Mac OS X	android-ndk-r13b-darwin-x86_64.zip	665967997	71fe653a7bf5db08c3af154735b6ccbc12f0add5
Linux 64-bit (x86)	android-ndk-r13b-linux-x86_64.zip	687311866	0600157c4ddf50ec15b8a037cfc474143f718fd0

▲ 최신 안드로이드 NDK 안정화 버전

다운로드를 위해 위 그림에서와 같이 하단의 android-ndk-r13b-linux-x86_64.zip의 링크를 복사 후 터미널에서 아래의 명령어를 이용해서 다운로드한다.

```
cd ~/
wget https://dl.google.com/android/repository/android-ndk-r13b-linux-x86_64.zip
```

```
welcomehi@ubuntu: ~
welcomehi@ubuntu:~$ wget https://dl.google.com/android/repository/android-ndk-r1
3b-linux-x86_64.zip
--2017-01-28 21:25:35--  https://dl.google.com/android/repository/android-ndk-r1
3b-linux-x86_64.zip
Resolving dl.google.com (dl.google.com)... 216.58.197.142
Connecting to dl.google.com (dl.google.com)|216.58.197.142|:443... connected.
HTTP request sent, awaiting response... 200 OK
Length: 687311866 (655M) [application/zip]
Saving to: 'android-ndk-r13b-linux-x86_64.zip'

64.zip                4%[                ] 31.60M  4.91MB/s    eta 2m 33s
```

▲ NDK 다운로드

위의 명령을 통해서 NDK 설치 파일을 다운로드했다. 다운로드 경로는 사용자의 홈디렉터리다.

압축 해제

다운로드한 android-ndk-r13b-linux-x86_64.zip은 압축을 해제하기면 하면
된다.

```
unzip android-ndk-r13b-linux-x86_64.zip
```

```
       welcomehi@ubuntu: ~
instance.cc
  inflating: android-ndk-r13b/sources/third_party/vulkan/src/libs/vkjson/vkjson_
info.cc
  extracting: android-ndk-r13b/sources/third_party/vulkan/src/libs/vkjson/.clang-
format
  inflating: android-ndk-r13b/sources/third_party/vulkan/src/libs/vkjson/Android
.mk
  inflating: android-ndk-r13b/sources/third_party/vulkan/src/libs/vkjson/vkjson.
cc
  inflating: android-ndk-r13b/sources/third_party/vulkan/src/libs/vkjson/vkjson.
h
  inflating: android-ndk-r13b/source.properties
   creating: android-ndk-r13b/python-packages/
   creating: android-ndk-r13b/python-packages/adb/
  inflating: android-ndk-r13b/python-packages/adb/device.py
  inflating: android-ndk-r13b/python-packages/adb/__init__.py
  inflating: android-ndk-r13b/python-packages/adb/setup.py
  inflating: android-ndk-r13b/python-packages/NOTICE
   creating: android-ndk-r13b/python-packages/gdbrunner/
  inflating: android-ndk-r13b/python-packages/gdbrunner/__init__.py
  inflating: android-ndk-r13b/python-packages/repo.prop
  inflating: android-ndk-r13b/CHANGELOG.md
  inflating: android-ndk-r13b/ndk-build
welcomehi@ubuntu:~$
```

▲ 안드로이드 NDK 압축 해제

명령을 입력하면 구글의 개발자 페이지에서 다운로드한 NDK가 압축 해제돼
android-ndk-r13b 이름으로 만들어진 것을 확인할 수 있다.

2.3.5 안드로이드 NDK 환경 변수 등록

설치한 NDK를 이용해서 빌드를 하려면 ndk-build 스크립트를 이용해야 하는데
이것을 위해서는 환경 변수를 등록해야 한다. /home/<사용자이름>/bashrc 파일
또는 ~/.bashrc 파일을 수정해야 한다. ~/.bashrc을 열고 파일 하단에서 다음을
추가해야 한다.

```
export PATH=$PATH:~/android-ndk-r13b
export PATH=$PATH:/home/<사용자이름>/android-ndk-r13b
```

위의 내용은 기존의 PATH 변수에 앞에서 압축 해제한 android-ndk-r13b 경로를
추가하는 명령이다.

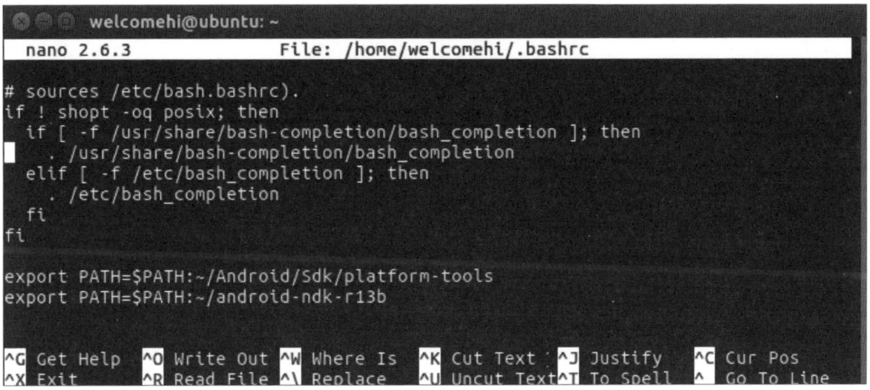

위의 그림에서 필자의 사용자명이 welcomehi기 때문에 /home/welcomehi/
android-ndk-r13b를 입력한 것이다. 각 사용자에 맞게 변경하면 된다. 아니면
간단하게 $PATH:~/android-ndk-r13b 이렇게 입력하자. 그러면 어떤 경로에서든
지 컴파일하기 위해 빌드 명령인 ndk-build -B를 이용할 수 있다.

우분투 환경에서 안드로이드 SDK, 안드로이드 NDK를 설치했다.

안드로이드 앱 구성 및 코드 분석

3.1 안드로이드 APK 구성

안드로이드 애플리케이션의 확장자는 .apk다. APK는 자바 JAR를 확장한 것이며 JAR 파일은 zip 포맷이다. APK 파일은 애플리케이션의 실행파일과, 권한을 정의한 파일, 그 밖에 애플리케이션에서 필요한 여러 리소스 파일과 Native Library가 존재한다.

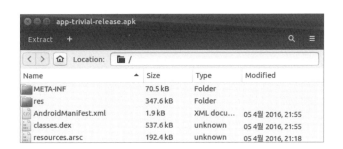

모든 APK 파일에는 애플리케이션의 패키지 이름, 최소 실행 버전, 컴포넌트, 필요한 권한 등이 명시된 AndroidManifest.xml 파일이 존재한다. 이 파일이 없으면 기기에 설치조차 되지 않는다. classes.dex 파일은 안드로이드 애플리케이션의 실행 코드다. 안드로이드 애플리케이션은 자바로 개발되고 자바 코드를 javac로 컴파일하면 자바 class 파일이 생성된다. 컴파일된 자바 파일은 개발 도구 중 하나인 dx를 이용해서 dex 파일로 만들어진다. 컴파일된 dex 파일과 리소스 파일들은 APK 파일형태로 만들어지는데 APK 파일은 aapt라는 개발 도구가 만들어 준다. 안드로이드 환경에 애플리케이션을 설치하기 위해서는 서명^{Sign} 과정을 거쳐야 하고 jarsigner가 서명을 담당한다. APK에서 사용되는 문자^{String} 등은 resources.arsc 에 들어 있다.

위 그림에는 존재하지 않지만 JNI를 통해 Native Library를 사용하는 애플리케이션은 Lib 폴더에 .so 확장명의 라이브러리가 존재한다.

jar 파일과 마찬가지로 APK 파일에도 META-INF 폴더가 존재하는데, 이 폴더에는 패키지의 Manifest 파일과 서명파일이 들어 있다. Manifest 파일에는 APK 파일에 존재하는 파일명과 서명 값 항목들이 존재한다. 그 밖의 애니메이션, 이미지 파일 등은 res 파일에 저장돼 있다.

3.2 APK 리패키징

안드로이드 스튜디오와 같은 도구를 이용해서 안드로이드 환경의 애플리케이션을 작성할 때 애플리케이션 소스코드, R.java, Java 인터페이스 파일 등이 자바 컴파일러에 의해서 컴파일되면 class 파일이 생성된다.

class 파일은 안드로이드 런타임 환경에서 실행되도록 하기 위해서 개발 도구인 dx에 의해서 dex 파일로 만들어지는데 그 외 여러 라이브러리 파일도 함께 컴파일된다. 애플리케이션의 리소스 파일들은 aapt라는 개발 도구에 의해서 컴파일되고, 이렇게 컴파일된 dex 파일, 컴파일된 리소스 파일, 그 밖의 다른 리소스 파일들은 apkbuilder에 의해서 Android Package(.apk) 파일이 생성된다. 이런 일련의 과정의 흐름은 다음과 같다.

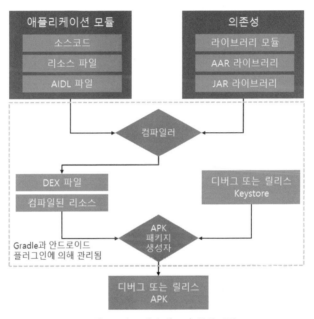

▲ 안드로이드 패키지(APK) 생성 과정

출처: https://developer.android.com/studio/build/index.html

안드로이드 리패키징^{Repackageing}은 위의 안드로이드 패키지 과정을 역으로 거슬러 올라가 이미 패키징이 완료된 .apk 파일을 풀어 헤쳐서 리소스를 수정하거나 안드로이드 애플리케이션의 실행코드를 수정한 후 다시 패키징하는 것을 말한다.

3.2.1 apktool

apktool은 안드로이드 리패키징 과정을 도와주는 오픈 소스 애플리케이션으로 2010년도에 안드로이드 APK 리버스 엔지니어링을 위해 리샤르트 뷔시니에브스키[Ryszard Wiśniewski]에 의해 만들어졌다가 최근에는 코너 텀블리슨[Connor Tumbleson]에 의해서 만들어져 오고 있고, 글을 작성하는 시점에 최신 버전은 2.2.0으로 프로젝트 주소는 https://ibotpeaches.github.io/Apktool/이다.

apktool은 내부적으로 역시 오픈 소스인 smali, baksmali를 사용한다. apktool을 사용하지 않더라도 smali.jar, baksmali.jar 파일을 하면 apktools를 사용한 것과 같은 결과를 얻을 수 있다. 물론 안드로이드 실행파일인 dex 파일을 jar 파일로 변환해주는 또 다른 도구로 dex2jar도 있다. dex2jar의 최신 버전은 dex2jar-2.0이다.

apktool은 자바로 만들어진 프로그램이다. 따라서 실행을 위해서는 자바가 설치돼 있어야 하며 다음과 같은 명령어로 실행시킬 수 있다.

```
java -jar apktool_2.2.0.jar
```

▲ apktool 명령어

플레이스토어나 기타 다른 방법으로 배포가 완료된 안드로이드 애플리케이션의 리소스 파일이나, 애플리케이션의 구성 요소나 권한 등이 설정돼 있는 AndroidManifest.xml 파일, 그리고 실행파일인 dex 파일을 사람이 읽을 수 있도록 smali 코드로 변환하고 싶다면 아래의 디코드decode 명령을 사용하면 apktool에 의해 개발자가 만들었던 리소스 파일, 패키지 클래스별로 어셈블리 코드가 생성된다.

`java -jar apktool d` [그 밖의 옵션들]

위의 디코드 작업을 통해 분리해낸 클래스들 중에서 수정을 하고 싶은 클래스의 어셈블리코드인 smali 코드를 수정한 후 모바일 기기나 AVD 등의 가상환경에서 실행 가능하도록 만들기 위해서는 안드로이드 애플리케이션 패키지 형태로 다시 빌드해야 한다. 이 작업은 아래의 명령을 통해서 쉽게 할 수 있다.

`java -jar apktool b` [그 밖의 옵션들]

그럼 간단한 예제를 통해 위에서 설명한 것들을 실습해보자.

2016. 4월 인터넷에 올라온 몇 개의 문제들이 있었다. 그 중 1번 문제인 app-trivial-release.apk 파일을 apktool로 디코드해보겠다. 먼저 변경 전 app-trivial-release.apk의 MainActivity.class는 다음과 같다.

▲ 변경 전 MainActivity.class

apktool을 이용해서 디코딩하는 명령어는 다음과 같다.

```
java -jar apktool d app-trivial-release.apk
```

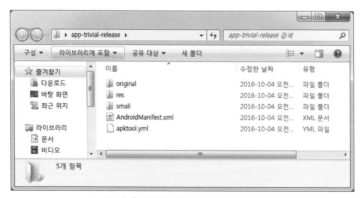
▲ app-trivial-release.apk 디코딩

위 그림을 통해서 apktool이 하는 작업들을 확인할 수 있다. 첫 번째로 안드로이드 빌드 과정에서 컴파일된 AndroidManifest.xml 파일, 그다음으로는 리소스 파일 니코딩, 마지막으로 classes.dex 파일을 smali 코드로 만들어주는 과정으로 apktool의 디코딩 작업은 끝난다. 디코딩이 끝나면 디코딩 작업을 했던 애플리케이션이 있는 경로에 애플리케이션 이름으로 다음과 같은 폴더가 생성된다.

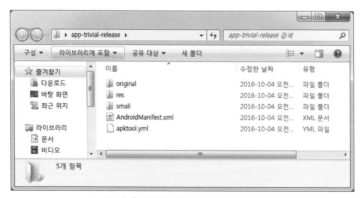
▲ 디코딩 후 생성된 애플리케이션 이름의 폴더

이렇게 생성된 파일들을 각각 열어서 어떤 정보들이 기록돼 있는지 보면 좋다. 하나씩 클릭해 열어 보고 '이런 정보가 저장돼 있구나' 느껴보길 바란다.

이제 디코딩 작업으로 생성된 smali 파일들 중에서 MainAcitivity.smali 파일을 찾아 특정 값을 변경할 것이다. 이 작업을 하는 이유는 안드로이드는 자바로 만들어져 쉽게 디컴파일할 수 있고, 쉽게 변경 가능하고, 이 변경작업을 apktool로 쉽게 할 수 있기 때문이다.

코드 수정을 위해 텍스트에디터로 MainActivity.smali 파일을 연다.

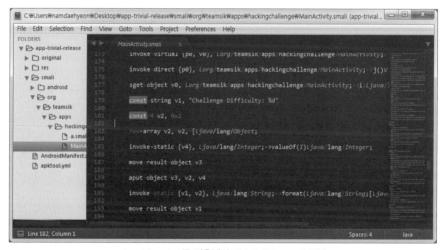

▲ sublime text를 이용해서 MainActivity.smali 로딩

우선 간단하게 변경할 것은 다음 문자열이다.

"Challenge Difficulty: %d"

위 문자열을 "Hello Android RE!!!! : %d" 같이 수정했다.

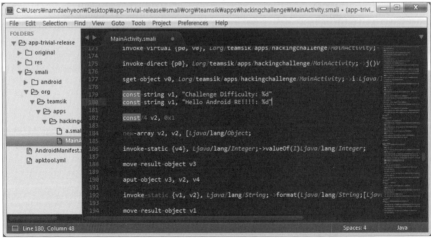

▲ MainActivity.smali 코드 수정

다른 방법으로 다음 그림과 같이 새로운 string v1을 반복해서 나중에 선언해주면 값이 변경된다. 두 가지 방법 모두 해보자. 각각의 방법으로 수정했을 때 어떻게 변경되는지 아는 것도 중요하다.

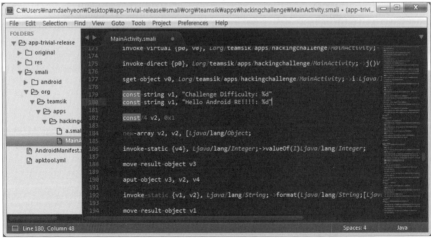

▲ MainActivity.smali 코드 수정

이렇게 변경했다면 저장한다. 저장 후 apktool을 이용해서 아래 명령으로 안드로이드 패키지(.apk)를 다시 만들 수 있다.

```
java -jar apktool_2.2.0.jar b <소스폴더> -o <저장될 apk이름>
```

```
관리자: C:\Windows\system32\cmd.exe
C:\Users\namdaehyeon\Desktop>java -jar apktool_2.2.0.jar b C:\Users\namdaehyeon\
Desktop\app-trivial-release -o C:\Users\namdaehyeon\Desktop\TEST.apk
I: Using Apktool 2.2.0
I: Checking whether sources has changed...
I: Smaling smali folder into classes.dex...
I: Checking whether resources has changed...
I: Building resources...
I: Building apk file...
I: Copying unknown files/dir...

C:\Users\namdaehyeon\Desktop>
```

그림에서 디코딩 작업으로 생성된 폴더의 경로가 C:\Users\namdaehyeon\Desktop\app-trivial-release이었다. 그래서 b 다음에 경로를 넣어준 것이고, -o 옵션은 최종 작업으로 생성할 apk의 저장 경로를 지정하는 옵션이다.

C:\Users\namdaehyeon\Desktop\TEST.apk 경로에 저장하기를 원해서 이렇게 설정했다. 이 결과는 바탕 화면에 TEST.apk 파일이 생성된다.

▲ 최종 결과

위의 안드로이드 리패키징 방법으로 안드로이드 실행코드를 쉽게 수정할 수 있다.

3.3 무료 도구를 활용한 코드 분석

안드로이드 애플리케이션 리버스 엔지니어링을 하기 위한 가장 편리한 방법은 안드로이드 애플리케이션의 소스코드를 보는 것이지만 오픈 소스 애플리케이션을 제외하곤 안드로이드 애플리케이션의 소스코드를 공개하고 있지 않다. 따라서 이미 플레이스토어에 올라와 있는 안드로이드 애플리케이션이 어떤 기능을 하는지, 취약점은 없는지를 확인하기 위해서는 애플리케이션의 실행코드에 해당하는 classes.dex를 소스코드와 가깝게 변환해주거나 바이트코드^{ByteCode}로 변환시켜주는 프로그램이 필요하다.

앞서 짧은 설명이 있었지만 baksmali.jar를 통해서 dex 포맷을 쉽게 알아볼 수 있도록 디스어셈블^{disassemble}할 수 있다. 디스어셈블돼 출력되는 바이트코드 역시 쉽게 알아볼 수 없기 때문에 자바로 변환해주는 툴이 있다. 무료로 사용 가능한 안드로이드 애플리케이션 코드뷰어^{CodeViewer} 프로그램들을 몇 가지 살펴보겠다.

3.3.1 JD-GUI

JD-GUI는 Java Decompile Project에서 파생된 산물이다. 2008년 1월에 초기 버전이 릴리스됐고, 2015년 3월에 1.0버전이 나왔다. 자바로 제작돼 윈도우, 리눅스, 맥 환경에서 사용가능하고 초창기 안드로이드 애플리케이션 분석에 가장 많이 사용됐고, 여전히 많이 사용되고 있는 자바 디컴파일러^{Decompiler}다.

디컴파일이란 기계어를 고수준^{High-Level} 프로그래밍 언어로 변환해주는 것을 말한다. 즉 자바로 개발된 안드로이드 애플리케이션은 컴파일 과정을 거쳐 기계어 코드로 변환된다. 이렇게 기계어 코드로 변환된 애플리케이션은 디컴파일러 도구를 통해서 바이트코드로 변환되고, 다시 자바 코드로 변환된다. 물론 100% 완벽하게 변환되지는 않는다. 변환된 고수준 프로그래밍 언어를 분석하면 리버싱이나, 취약점 찾는데 수월하기 때문에 이런 프로그램(디컴파일러)이 필수라 할 수 있다.

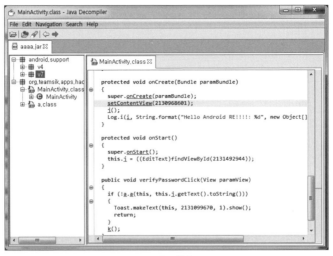

▲ JD-GUI

JD-GUI로 안드로이드 애플리케이션을 바로 열어 분석할 수는 없다. dex 포맷을
jar 포맷으로 변환해주는 도구가 필요한데, 앞서 언급했던 dex2jar가 이 역할을 해
주는 도구다.

먼저 위에서 사용했던 app-trivial-release.apk 파일을 예로 들어 설명하면 apk
파일이 zip 포맷이기 때문에 반디집이나, 알집, 또는 우분투 환경이면 Archive
Manager를 이용해서 쉽게 열 수 있다.

▲ 반디집으로 애플리케이션을 열어 classes.dex 추출

애플리케이션을 위 그림처럼 열어서 classes.dex 파일만 선택해서 압축을 풀어 낸다.

윈도우 환경에서 풀어낸 classes.dex를 dex2jar-2.0 폴더에 있는 d2j-dex2jar. bat 파일을 이용해서 변환해야 하며, 그 방법은 아래와 같다. 다른 환경도 d2j-dex2jar.sh 파일을 이용하면 같은 결과를 얻을 수 있다.

d2j-dex2jar.bat 파일 경로/**classes.dex**

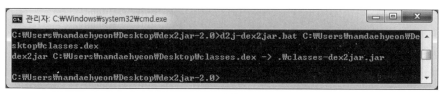

▲ 결과

이 결과는 dex2jar-2.0 폴더 안에 변환 파일 이름+ dex2jar.jar라는 이름으로 저 장된다. 이 파일을 JD-GUI를 통해서 얼년 애플리케이션의 실행코드를 확인할 수 있다.

▲ 변환된 classes-dex2jar.jar를 로딩한 그림

위처럼 classes.dex만을 추출하지 않고 d2j-dex2jar.bat의 파라미터로 안드로이드 애플리케이션 파일 이름을 입력해주면 더 쉽게 변환할 수 있다.

d2j-dex2jar.bat app-trivial-release.apk

▲ 변환 완료

실행 문제 해결

윈도우 환경에서 d2j-dex2jar.bat를 이용해서 dex 파일을 jar 파일로 변경할 때 다음과 같은 에러가 발생하는데, 이것은 d2j_invoke.bat 파일에 문제가 있기 때문이다.

▲ 변환 시 에러

d2j_invoke.bat 파일을 텍스트 편집기를 이용해 열어 "java -Xms512m -Xmx1024m -cp "%CP%" %*"라는 문구에서 다음 그림처럼 -Xms512m 부분을 삭제하면 에러 없이 jar 파일이 생성된다.

▲ d2j_invoke.bat 파일 수정

지금까지 dex 파일을 jar 파일로 변환하는 방법을 알아봤다.

변환된 jar 파일을 JD-GUI를 통해서 열면, 안드로이드 애플리케이션에서 사용되는 자바로 작성된 클래스를 확인할 수 있다. JD-GUI가 무료임에도 불구하고 많이 쓰이는 검색 기능과 사용한 함수를 바로 확인할 수 있는 기능 때문이다.

검색 기능은 Search > Search 메뉴를 이용하거나, Control + Shift + S 단축키를 이용하면 검색 기능을 이용할 수 있다. 문자열^{String}이나 필드^{Field}, 메소드^{Method}, 컨스트럭터^{Constructor} 등을 쉽게 검색할 수 있다.

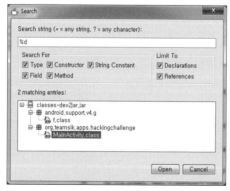

▲ JD-GUI 검색 기능

jar 파일 내 여러 클래스 사용한 함수 바로 확인 기능은 다음과 같다.

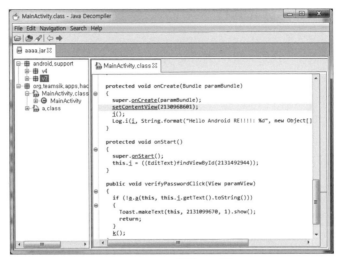

▲ JD-GUI로 변환된 jar 파일

예를 들어 설명하면 위 그림은 변환된 jar 파일을 JD-GUI로 열고, 애플리케이션의
주 실행코드인 MainActivity.class이다. 이 클래스 하단의 `verifyPasswordClick`
메소드를 보면 !a.a로 시작하는 부분을 확인할 수 있을 것이다. 이 부분은 a 클래
스의 a 메소드를 사용하고 있음을 지시하는 것이고 해당 부분에 마우스 커서를 옮
겨 놓으면 클릭 가능하다는 의미로 커서가 변경된다. 클릭하면 해당 클래스 해당
메소드로 이동한다. 이는 소스코드를 분석할 때 대단히 편리한 기능이다.

디컴파일 에러가 많은 점이 단점이긴 하지만 아직까지도 많이 사용하고 있는 JD-
GUI를 살펴봤다.

3.3.2 JADX

많이 알려지진 않았지만 JADX는 안드로이드 dex 파일이나, apk 파일의 자바 소스 코드를 디컴파일해주는 또 하나의 오픈 소스 프로그램이다. 커맨드라인 프로그램과, 그래픽유저 인터페이스 두 가지 방식을 지원하며, Skylot이라는 개발자에 의해 2013년 공개됐다. 프로젝트 사이트는 https://github.com/skylot/jadx이다. 최신 버전은 2015년 4월에 공개된 v0.6.0이며 그 후에 업데이트되고 있지 않다.

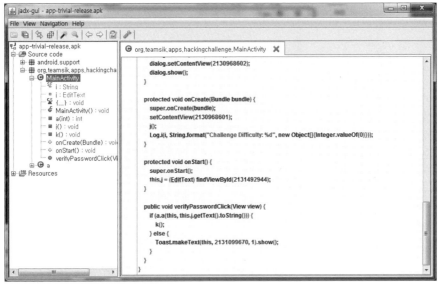

▲ JADX 실행 화면

JADX의 우수한 점을 꼽으면 JD-GUI보다 디컴파일 기능이 조금 낫다는 것이다. 다른 하나는 proguard 등 난독화에 대한 네이밍처리를 임의로 한다는 것이다. JD-GUI와 JADX의 디컴파일 기능은 다음 사례를 들어 차이를 설명한다.

다음 테스트를 살펴보겠다. 일단 간단하게 문자열을 출력하는 코드 위쪽에 JD-GUI에서 디컴파일 오류를 발생하는 코드를 추가했다. 그 후에 프로그램을 컴파일해 결과를 JD-GUI와 JADX를 통해서 어떤 결과가 나오는지 살펴보았다.

```
1   package com.namdaehyeon.decompileerror;
2
3⊖  import java.io.IOException;
4   import java.io.OutputStreamWriter;
5
6   public class Main {
7
8⊖      public static void main(String[] args) {
9
10          //JD-GUI에러 에러 발생을 위해 추가
11          OutputStreamWriter request;
12          try {
13              request = new OutputStreamWriter(System.out);
14              request.close();
15          } catch (IOException e) {
16          } finally {
17              request = null;
18          }
19          //여기까지
20
21          System.out.println("안녕하세요. 안드로이드 앱 리버스 엔지니어링이에요!");
22      }
23  }
24
```
▲ 테스트 코드

JD-GUI에서 위 코드를 컴파일한 결과물인 test.jar를 열었을 때의 결과다.

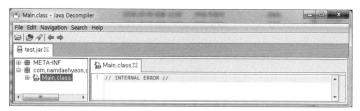

▲ JD-GUI에서 클래스의 Java 코드 확인 불가

JADX에서 같은 결과물인 test.jar를 열었을 때의 결과다.

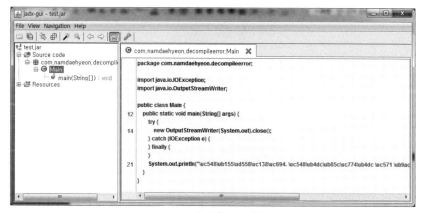

▲ JADX를 통한 코드 확인

JADX도 컴파일되지 않는 코드들도 많이 있지만 전체적인 디컴파일의 성능은 JADX가 JD-GUI보다 낫다고 말할 수 있다.

검색 기능에는 두 가지 모드 Search, Find가 있다. Search는 현재 열려 있는 파일의 class, Method, Field를 인덱싱해서 쉽게 찾을 수 있도록 한다. 파일이 클수록 시간이 오래 걸리는 단점이 있다.

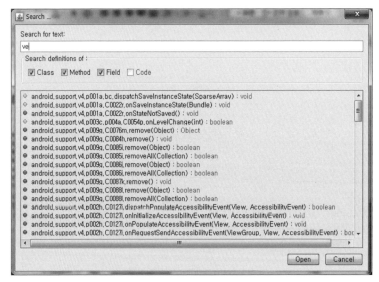

▲ Search

Find는 현재 열려 있는 클래스에서 특정 값을 찾을 때 사용한다.

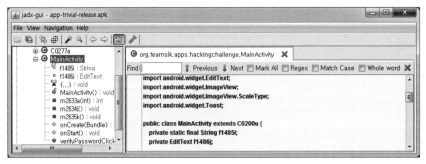

▲ Find

JADX는 proguard 등 난독화에 대한 네이밍 처리를 한다. File ➤ Preference에서
Enable deobfuscation을 체크하면 난독화된 클래스나 메소드 이름을 임의로 정한다.

▲ 환경 설정

변경 전에 a라는 클래스 이름이 위의 옵션을 활성화시키면 C0277a로 변경된 것을
확인할 수 있을 것이다. 이런 기능이 어떤 클래스의 함수를 참조했는지 쉽게 확인
할 수 있기 때문이다.

마지막으로 CFG 그래프를 생성하는 기능이다. File > Preferences에서 Generate methods CFG graphs (in 'dot' format), Generate RAW CFG graphs 옵션을 활성화하면 열려 있는 파일의 흐름 그래프인 CFG^{Control Flow Graph}를 생성한다.

백그라운드에서 작업하고 있고, Preferences에서 작업에 사용되는 스레드의 수를 가감할 수 있다. 그래프는 jadx 바이너리가 있는 경로에 저장된다.

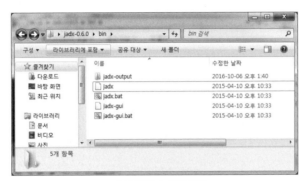

▲ 흐름 그래프 생성 경로

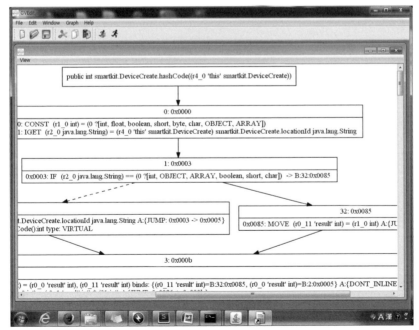

▲ 생성된 CFG 파일 확인

생성된 다양한 메소드에 대한 흐름 그래프를 GVEdit로 확인할 수 있다.

3.3.3 Androguard

Androguard는 파이썬으로 제작된 콘솔 프로그램으로 강력한 기능을 많이 가지고 있다. Androlyze를 이용해서 APK를 분석할 수 있고 아래의 명령어로 실행시킬 수 있다.

```
androlyze -s
```

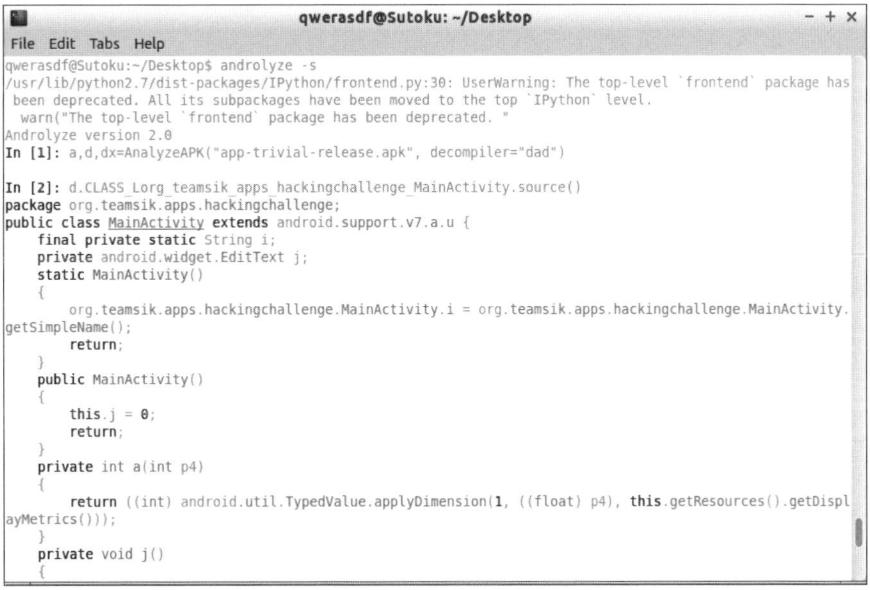

```
                         qwerasdf@Sutoku: ~/Desktop            - + x
File  Edit  Tabs  Help
qwerasdf@Sutoku:~/Desktop$ androlyze -s
/usr/lib/python2.7/dist-packages/IPython/frontend.py:30: UserWarning: The top-level `frontend` package has
 been deprecated. All its subpackages have been moved to the top `IPython` level.
  warn("The top-level `frontend` package has been deprecated. "
Androlyze version 2.0
In [1]: a,d,dx=AnalyzeAPK("app-trivial-release.apk", decompiler="dad")

In [2]: d.CLASS_Lorg_teamsik_apps_hackingchallenge_MainActivity.source()
package org.teamsik.apps.hackingchallenge;
public class MainActivity extends android.support.v7.a.u {
    final private static String i;
    private android.widget.EditText j;
    static MainActivity()
    {
        org.teamsik.apps.hackingchallenge.MainActivity.i = org.teamsik.apps.hackingchallenge.MainActivity.
getSimpleName();
        return;
    }
    public MainActivity()
    {
        this.j = 0;
        return;
    }
    private int a(int p4)
    {
        return ((int) android.util.TypedValue.applyDimension(1, ((float) p4), this.getResources().getDispl
ayMetrics()));
    }
    private void j()
```

위 그림은 a, d, dx의 세 개의 변수를 선언해 리턴되는 값에 각각 대응하도록 선언했고, 디컴파일러는 dad를 선택했다. 디컴파일러는 dad, dex2jad, ded 중 하나를 선택해 사용할 수 있다.

a 변수는 APK 객체에 대한 정보를, d 변수는 DalvikVMFormat 객체 정보를, dx는 VMAnalysis 객체를 리턴값으로 받는다.

a, d, dx에 대한 다양한 명령들은 a.을 입력하고 **Tab** 키를 누르면 다양한 명령어들이 출력되고, 마찬가지로 d. 입력 후 **Tab**, dx. 입력 후 **Tab**을 입력하면 명령어들을 볼 수 있다. 예를 들어서 애플리케이션의 실행코드에 대한 소스코드를 확인하기 위한 명령이다.

d.CLASS_Lorg_teamsik_apps_hackingchallenge_MainActivity.source()

```
                            qwerasdf@Sutoku: ~/Desktop                    – + ×
File  Edit  Tabs  Help
    protected void onCreate(android.os.Bundle p6)
    {
        super.onCreate(p6);
        this.setContentView(1.75458602503849e+38);
        this.j();
        v2 = new Object[1];
        v2[0] = Integer.valueOf(0);
        android.util.Log.i(org.teamsik.apps.hackingchallenge.MainActivity.i, String.format("Challenge Diff
iculty: %d", v2));
        return;
    }
    protected void onStart()
    {
        super.onStart();
        this.j = this.findViewById(1.860935420026565e+38);
        return;
    }
    public void verifyPasswordClick(android.view.View p3)
    {
        if (org.teamsik.apps.hackingchallenge.a.a(this, this.j.getText().toString()) != 0) {
            this.k();
        } else {
            android.widget.Toast.makeText(this, 1.7811699764819e+38, 1).show();
        }
        return;
    }
}

In [3]: ▌
```

정말 다양한 명령이 있고, 다양한 도구가 있다. 더 자세한 정보는 http://doc.androguard.re/html/index.html에서 확인할 수 있다.

3.3.4 바이트코드 뷰어

바이트코드 뷰어^{ByteCode Viewer}는 2014년에 Konloch이라는 개발자 자바 디컴파일러로 시작했고, 바이트코드, DEX 파일 편집 기능 등 다양한 기능을 할 수 있는 프로그램으로 현재 최종 버전은 2.9.8이다.

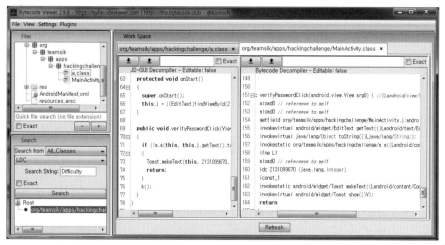

▲ 바이트코드 뷰어 실행 화면

위 그림에서 볼 수 있듯이 APK 파일을 열고 임의의 클래스를 선택했을 때 좌측에는 JD-GUI의 디컴파일 결과를, 우측에는 바이트코드 디컴파일 결과를 보여준다.

다소 차이가 있는 것과 같이 보이지만 비슷한 결과를 보여주며, 호출하는 클래스와 메소드의 전체 경로를 보여줘 조금 다르게 보이나 같은 결과를 보여준다.

바이트코드 뷰어는 다양한 디컴파일러를 가지고 있다. View > Pane1, View > Pane2, View > Pane3에서 각각의 디컴파일러를 선택해 화면에 표시할 수 있다.

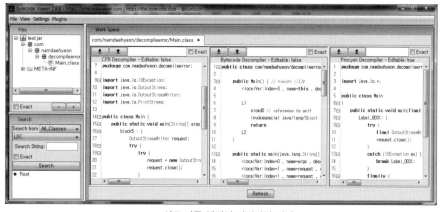

▲ 서로 다른 엔진의 디컴파일 결과

직접 수정도 가능하고, jar, zip, APK, DEX 포맷을 지원하는 강력한 도구로써 무료 도구들 중에서 단연 최고라 할 수 있다. 다운로드는 프로젝트 페이지인 http://bytecodeviewer.com/에서 가능하다.

3.4 상용 도구를 활용한 코드 분석

안드로이드 플랫폼 '애플리케이션'의 취약점 점검에 가장 많이 사용되는 상용 소프트웨어는 JEB다. http://www.android-decompiler.com이란 이름으로 JEB1을 서비스했고, 회사 이름이 PNF Software로 바뀌었고, JEB2로 업그레이드됐다.

JEB1에 비해 디컴파일 엔진이 대폭 개선됐고, 플러그인 형태로 다양한 형태의 도큐멘트를 지원하기 시작했다. 현재는 PDF 분석을 할 수 있는 플러그인을 제작 배포하고 있고, 다양한 형태의 플러그인이 오픈 소스화돼 필요에 따라 제작 배포할 수 있도록 돼 있다. 또 라이선스 형태에 따라서 콘솔 형태의 스크립트를 지원하고 있다.

업계에서 JEB를 많이 쓰는 이유는 편의성과 강력함 때문이다. 최근 ByteViewer가 릴리스되기 전까지 안드로이드 플랫폼 애플리케이션 분석에는 JD-GUI, JADX, androguard가 많이 사용됐다. JD-GUI는 무료가 가지는 한계인 잦은 디컴파일 오류 및 크래시가 문제였고, JADX도 JD-GUI에 비해 디컴파일 엔진이 한층 업그레이드됐지만 디컴파일 에러 및 검색의 불편함 때문에 많이 사용되지는 않았다.

Androguard는 뛰어난 기능을 갖고 있지만 콘솔^{Console} 형태로 사용해야 한다는 점, 인터페이스, 명령어가 다소 복잡할 수 있다는 점 때문에 전문가 외에는 많이 사용하지 않았다.

JEB는 안정된 디컴파일 엔진, 파이썬 및 자바를 이용한 스크립트 작업가능 및 iScript를 이용한 플러그인 제작 및 난독화가 적용된 함수의 이름 변경, 쉬운 스트링 사용, 주석, 함수 간 상호참조-XREF(크로스 레퍼런스) 기능이 뛰어나 해커, 취약점 분석가, 모바일 악성 애플리케이션 분석가 사이에 IDA만큼이나 많이 사용돼 오고 있다.

현재 JEB v1과 JEB v2 두 가지 버전이 있다. JEB1은 더 이상 구입할 수 없으며 온라인상에 해킹팀^{HackingTeam}이 해킹됐을 때 같이 배포된 해킹팀의 JEB1을 불법 공유사이트에서 구할 수 있는 정도다. 구매와 평가판은 https://www.pnfsoftware.com/에서 다운로드받아 사용할 수 있으며, 평가판은 저장이 안 되거나, 일부만 디컴파일되는 등 기능상의 제한이 있다.

JEB1은 라이선스가 한 가지밖에 없지만 JEB2로 넘어오면서 Standard, Business, Enterprise 이렇게 3가지 라이선스로 분리됐다. 각각의 특징을 살펴보면 다음과 같다.

Standard 라이선스는 GUI 버전의 JEB2클라이언트 사용(인터넷 연결 필수), 자동화 작업을 할 때 파이썬을 이용한 스크립트 작성 가능하며 12개월 결제 시 월 $90의 가격으로 사용할 수 있고, 한달 결제 가격은 $120다.

Business 라이선스 가격은 안드로이드 애플리케이션, PDF 문서 분석이 가능하고, 인터넷 연결 없이 GUI 버전의 JEB2 클라이언트 사용 가능, Client Scripting 기능, 파워유저가 자기 자신만의 플러그인 개발이나, 임의의 바이너리 분석을 위한 파서^{Parser}를 만들거나, 시스템 자동화를 위한 API인 Engine API를 사용할 수 있다. Business 라이선스 가격은 12개월 결제 시 월 $150의 가격으로 사용할 수 있고, 한 달 결제 가격은 $180다.

Enterprise 라이선스는 Business 라이선스와 같이 인터넷 연결 없이 GUI 버전의 JEB2 클라이언트를 사용, Client scripting 기능, Engines API, Floating licenses, 버그 리포팅했을 때 지원 및 원하는 기능 제한 등을 할 수 있는 Priority Handling for Software Fixes를 제공한다. Enterprise 라이선스는 자리에 따라 한 달 결제 가격은 $300다.

3.4.1 JEB1

JEB1의 전체적인 화면은 다음과 같다.

윈도우 위쪽에 열기, 설정, 디컴파일 등 사용에 필요한 여러 툴바가 있고, 우측 뷰^{View}에는 패키지, 클래스 내비게이션이 있다. 하단에는 관련 작업의 로그가 출력된다.

중앙에는, 현재 분석을 위해 열어둔 애플리케이션의 권한, 스킴^{Scheme} 등이 정의돼 있는 Manifest와 리소스 파일들을 확인할 수 있는 Resources 탭, 인증서 관련정보를 확인할 수 있는 Certificate 탭, 바이트코드를 보여주는 Assembly 탭, 바이트코드를 자바로 디컴파일한 결과를 보여주는 Decompiled Java 탭, 애플리케이션의 모든 문자들을 보여주는 Strings, 애플리케이션의 모든 상수를 보여주는 Constants 탭이 있다.

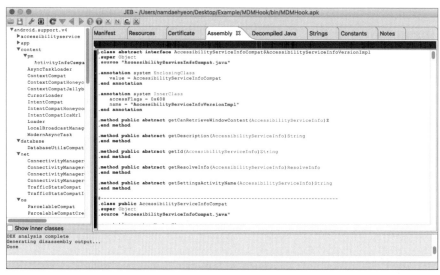

▲ JEB1의 사용자 환경

내비게이션 바에서 특정 패키지, 클래스를 선택하면 Assembly 탭에 선택한 클래스의 바이트코드가 표시된다. JEB1에서는 현재 선택한 바이트코드에 마우스 포인터를 올려두고 탭^{TAB} 키를 누르면 해당 바이트코드를 자바 코드로 디컴파일한다.

Decompiled Java 탭을 열었을 때에는 원하는 클래스를 더블클릭하면 클래스의 바이트코드를 자바 코드로 디컴파일한다.

원하는 코드에 주석을 삽입하고 싶으면 주석을 삽입하고 싶은 위치에 커서를 위치한 후에 '/'를 입력하거나 툴바의 C 아이콘을 클릭하면 주석을 입력할 수 있는 창이 표시된다.

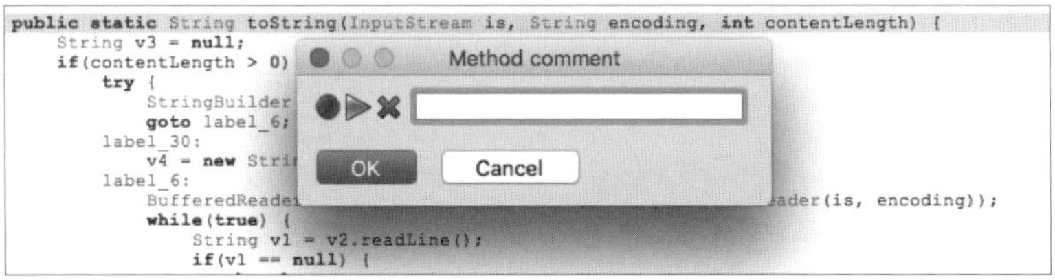

```
public static String toString(InputStream is, String encoding, int contentLength) {
    String v3 = null;
    if(contentLength > 0)
        try {
            StringBuilder
            goto label_6;
        label_30:
            v4 = new Stri
        label_6:
            BufferedReade                                    ader(is, encoding));
            while(true) {
                String v1 = v2.readLine();
                if(v1 == null) {
```

Method comment

OK   Cancel

▲ '/'키 입력 후 해당 함수, 코드에 대한 주석 입력

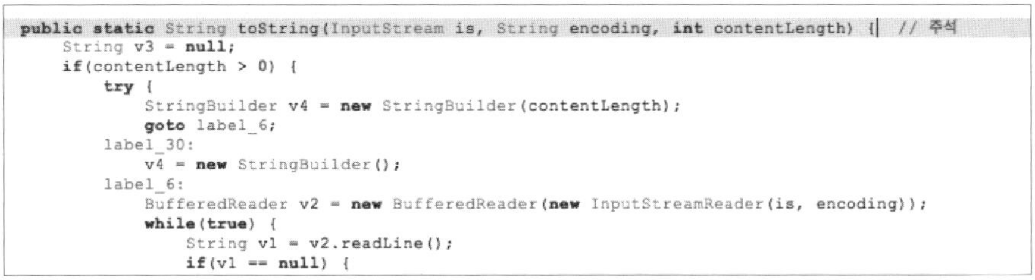

```
public static String toString(InputStream is, String encoding, int contentLength) {   // 주석
    String v3 = null;
    if(contentLength > 0) {
        try {
            StringBuilder v4 = new StringBuilder(contentLength);
            goto label_6;
        label_30:
            v4 = new StringBuilder();
        label_6:
            BufferedReader v2 = new BufferedReader(new InputStreamReader(is, encoding));
            while(true) {
                String v1 = v2.readLine();
                if(v1 == null) {
```

▲ 주석 처리 후 함수에 주석이 삽입된 그림

소프트웨어를 분석할 때 가장 유용한 기능은 상호참조(XREF)다. 많은 분석 소프트웨어들이 상호참조 기능을 제공하고 있고, 이런 기능들로 인해 시간이 절약되고, 효율적인 분석이 가능하다. JEB1도 상호참조(XREF) 기능을 제공하고 있으며, 클래스 내에서의 상호참조(XREF)와, classes.dex 전체의 상호참조(XREF) 두 가지 모드를 지원하고 있다.

클래스 내에서의 상호참조는 다음 그림과 같이 클래스에 존재하는 A라는 함수가 같은 클래스에서 어떤 부분에서 사용됐는지 확인할 수 있는 기능이다. 단축키로는 'X'이고, 아이콘은 노란색 계열 배경의 X 아이콘을 클릭하면 기능을 이용할 수 있다.

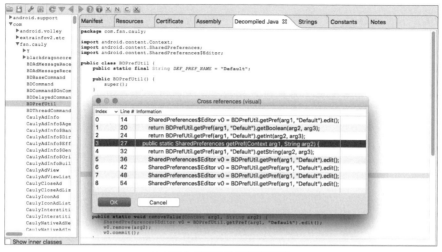

▲ 클래스 내에서 상호참조(XREF)

classes.dex 전체의 상호참조(XREF)는 클래스 내에서의 상호참조(XREF)와 같은 방법으로 사용하면 되고, 플랫폼마다 단축키가 다르므로 빨간색 배경의 'C' 글씨의 아이콘을 클릭하면 사용할 수 있다.

▲ 애플리케이션 전체 상호참조(XREF)

플랫폼마다 단축키 확인은 JEB를 실행시킨 후 Action 메뉴를 통해서 가능하다. 내가 사용하는 MacOS X 환경의 단축키는 다음 그림과 같다.

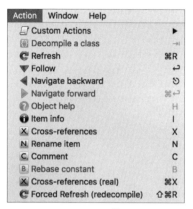

▲ Action 메뉴

JEB의 또 하나의 강력한 기능은 클래스, 함수, 필드Field, 변수 등의 이름을 쉽게 변경할 수 있는 것이다. 난독화돼 분석하기 힘든 안드로이드 애플리케이션 분석에 정말 유용한 기능으로, 이름 변경과 상호참조(XREF) 기능 조합으로 악성코드와 난독화된 애플리케이션 취약점 분석이 무척 쉬워진다.

사용 방법은 원하는 클래스 이름이나, 함수 이름, 필드, 변수를 선택하고 'N'키를 누르면 다음과 같이 새로운 이름을 입력할 수 있는 창이 나타난다. 원하는 이름을 입력하고 OK 버튼을 누르면 변경을 원했던 항목의 이름이 변경된다.

▲ JEB의 강력한 기능 중 하나인 Rename 기능

JEB도 다른 리버스 엔지니어링 도구처럼 안드로이드 애플리케이션의 실행코드인 classes.dex에서 사용된 문자열을 Strings라는 이름의 탭에서 확인할 수 있다.

▲ 문자를 확인할 수 있는 Strings 탭

이것을 이용하면 특정한 문자열을 사용한 클래스나 함수를 바로 확인할 수 있다. 예를 들어, ROOT라는 문자열을 이용해서 애플리케이션에서 루팅 여부를 확인하는 클래스, 함수로 바로 이동해 어떤 로직으로 루팅을 확인하는지 검증할 수 있어 유용하게 사용된다. 이렇게 검색된 문자열을 더블클릭하면 해당 문자열을 사용한 함수로 이동한다.

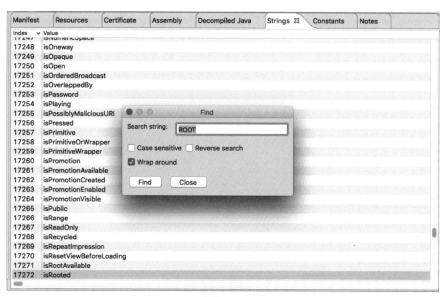

▲ Strings에서 특정 문자열 검색

JEB1에서는 애플리케이션에는 Constants 탭이 존재하는데, 이는 애플리케이션에서 사용한 상수들을 모아서 보여주는 탭이다. 특정 상수 값을 찾고 싶으면 이 기능을 이용하면 좋다.

마지막으로 안드로이드의 권한 및 필요한 정보를 안드로이드 플랫폼에 제공하기 위해서 설정돼 있는 AndroidManifest.xml을 살펴볼 수 있는 Manifest 탭이 있다.

안드로이드 애플리케이션은 샌드박스에서 실행되므로 자기 자신의 파일에만 접근할 수 있고 제한된 시스템 서비스만을 이용할 수 있다. 시스템이나 다른 애플리케이션과 상호작용을 하기 위해서 필요한 권한을 추가적으로 요청할 수 있고, 이러한 상호작용에 필요한 정보, 추가적인 권한 정보가 기록돼 있는 곳이 AndroidManifest.xml 파일이다. 애플리케이션을 구성하는 컴포넌트에 대한 해당 클래스명을 정의하고, 컴포넌트가 처리할 수 있는 기능이 무엇인지 Intent-filter를 통해서 정의한다. 다음 그림과 같이 Manifest 탭에서 애플리케이션의 일련의 정보 등을 쉽게 확인할 수 있다.

```
Manifest 🔲    Resources    Certificate    Assembly    Decompiled Java    Strings    Constants    Notes
    <activity android:label="@string/app_name" android:name="com.ticketlink.sports.TLSplashActivity" android
        <intent-filter>
            <action android:name="android.intent.action.MAIN" />
            <category android:name="android.intent.category.LAUNCHER" />
        </intent-filter>
        <intent-filter>
            <action android:name="android.intent.action.VIEW" />
            <category android:name="android.intent.category.DEFAULT" />
            <category android:name="android.intent.category.BROWSABLE" />
            <data android:host="main" android:scheme="tlink" />
        </intent-filter>
        <intent-filter>
            <action android:name="android.intent.action.VIEW" />
            <category android:name="android.intent.category.DEFAULT" />
            <category android:name="android.intent.category.BROWSABLE" />
            <data android:host="clubProductList" android:scheme="tlink" />
        </intent-filter>
        <intent-filter>
            <action android:name="android.intent.action.VIEW" />
            <category android:name="android.intent.category.DEFAULT" />
            <category android:name="android.intent.category.BROWSABLE" />
            <data android:host="notice" android:scheme="tlink" />
        </intent-filter>
        <intent-filter>
            <action android:name="android.intent.action.VIEW" />
```

▲ 애플리케이션의 권한 등을 확인할 수 있는 Manifest 탭

쉬운 해킹대회 문제 풀어보기

TeamSIK 그룹에서 2016년 4월 인터넷에 공개했던 리버싱 1번 문제를 JEB1을 이용해서 코드 분석 후 정답을 구해보자. 여기서 필요한 실습파일01 파일은 https://github.com/AcornPublishing/android-reverse/에서 내려받을 수 있다.

다운로드한 문제를 JEB1을 이용해서 열었다. 좌측의 탭에는 안드로이드 기본 라이브러리가 있고, org.teamsik.apps 이름으로 시작하는 패키지가 있고, 두 개의 클래스가 보인다.

▲ TeamSik 1번 문제 MainActivity 소스

MainActivity 클래스에서 액티비티가 시작되는 onCreate를 보면 j 메소드에서 화면에 필요한 이미지와 리소스 등을 표시하고, 로그 출력을 통해서 Challenge Difficulty: 0이란 문제 난이도를 출력한다.

▲ activity_main 레이아웃 설정 정보

Resources 탭의 activity_main.xml 파일에서 레이아웃 정보에서 MainActivity의 버튼이 클릭했을 때 처리하는 메소드는 verifyPasswordClick임을 알 수 있다.

verifyPasswordClick을 보면 사용자에게 입력받은 문자를 org.teamsik. apps.hackingchallenge 패키지의 a 클래스, a 메소드의 파라미터에 넣고, 결과 가 false면 Toast를 출력해주는 코드임을 확인할 수 있다. org.teamsik.apps. hackingchallenge.a.a를 더블클릭하면 해당 함수의 메소드로 이동한다.

▲ 메소드 입력 파라미터 변수 이름 변경

우리는 앞에서 변수, 메소드 등의 이름을 쉽게 변경할 수 있다고 설명했다. 코드 분석을 쉽게 하기 위해서 arg9를 선택하고 N키를 눌러 이름을 변경한다. arg9 대신 InputPasswd로 변경한다. 결과는 다음과 같다.

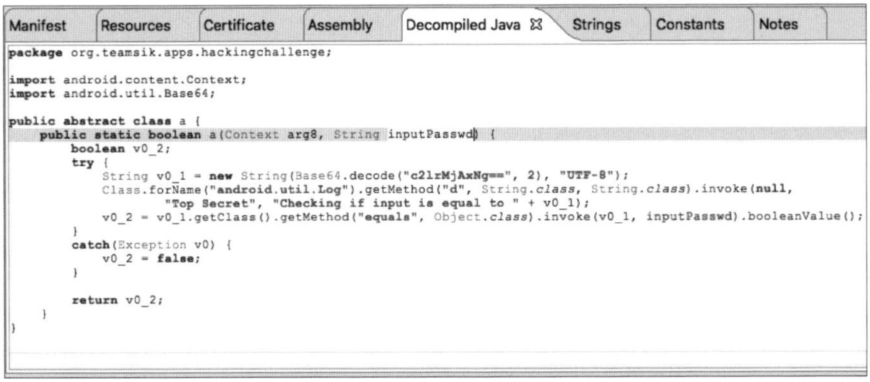

| Manifest | Resources | Certificate | Assembly | Decompiled Java ✕ | Strings | Constants | Notes |

```
package org.teamsik.apps.hackingchallenge;

import android.content.Context;
import android.util.Base64;

public abstract class a {
    public static boolean a(Context arg8, String inputPasswd) {
        boolean v0_2;
        try {
            String v0_1 = new String(Base64.decode("c2lrMjAxNg==", 2), "UTF-8");
            Class.forName("android.util.Log").getMethod("d", String.class, String.class).invoke(null,
                "Top Secret", "Checking if input is equal to " + v0_1);
            v0_2 = v0_1.getClass().getMethod("equals", Object.class).invoke(v0_1, inputPasswd).booleanValue();
        }
        catch(Exception v0) {
            v0_2 = false;
        }

        return v0_2;
    }
}
```

▲ 변수 이름 변경 후 a 클래스 a 메소드

실행코드를 살펴보면 스트링 변수 v0_1은 c2lrMjAxNg== 문자를 Base64 클래스의 decode 메소드를 이용해 변환한 값을 가지고 있다. 다음 코드에 보면 친절하게도 "Checking if input is equal to "+v0_1의 문구를 확인할 수 있다. 'v0_1의 값을 디코드하면 되겠구나'라는 생각이 바로 든다.

자세한 분석을 위해서 불린 변수 v0_2의 값들을 쪼개어 살펴보면, 다음 그림은 이해를 돕기 위해서 스트링 변수 aStr에 Test 값을 설정했고, 스트링 변수 aStr의 getClass 값을 확인했다.

```
1  package com.namdaehyeon.envtest;
2
3  //import java.lang.reflect.InvocationTargetException;
4  //import org.apache.commons.codec.binary.Base64;
5
6  public class Main {
7
8⊖     public static void main(String[] args) {
9          String aStr = "Test";
10         System.out.println(aStr.getClass());
11     }
12 }
13
```

```
🔲 Problems  @ Javadoc  🔍 Declaration  🔎 Search  🖳 Console ⊠
<terminated> Main (14) [Java Application] /Library/Java/JavaVirtualMachines/jdk1.7
class java.lang.String
```

▲ aStr 객체의 클래스 확인

java.lang.Object 클래스는 자바에서 만든 모든 클래스의 루트 클래스이기 때문에 자바의 모든 클래스는 java.lang.Object를 서브클래스로 갖는다. java.lang.Object 클래스의 getClass를 살펴보면 'Object의 Runtime class를 리턴해준다'라고 돼 있다. 이러한 사전 지식을 바탕으로 아래 예제에서 String 변수 aStr의 getClass를 확인해보면 java.lang.String이 된다.

```
8⊖     public static void main(String[] args) throws NoSuchMethodException, SecurityException {
9          String aStr = "Test";
10         System.out.println(aStr.getClass());
11         System.out.println(aStr.getClass().getMethod("equals", Object.class));
12     }
```

```
🔲 Problems  @ Javadoc  🔍 Declaration  🔎 Search  🖳 Console ⊠
<terminated> Main (14) [Java Application] /Library/Java/JavaVirtualMachines/jdk1.7.0_79.jdk/Contents/Home/bin/java (2016. 10.
class java.lang.String
public boolean java.lang.String.equals(java.lang.Object)
```

▲ 자바의 리플렉션으로 메소드 호출 테스트

테스트를 위해 코드를 추가했다. 자바의 리플렉션으로 메소드를 호출하기 위해 java.lang.Class 클래스에 있는 getMethod를 추가했다. String 변수 aStr의 getClass는 java.lang.String인 것은 앞서 확인했고, java.lang.String 클래스에 정의돼 있는 "equals" 메소드를 사용하기 위해서 getMethod를 사용했다.

또 equals 메소드의 아규먼트로 임의의 객체를 넣어주기 위해서 invoke 메소드를 사용했다. 그러면 최종적으로 아래의 코드가 완성된다.

```
String aStr = "Test";
aStr.getClass().getMethod("equals", Object.class).invoke(aStr, "Test");
```

aStr 객체의 클래스를 가져와서 해당 클래스의 equals 메소드에 "Test"를 대입하고, 대입한 aStr 객체의 값과, "Test" 문자열을 비교한 결과를 True or False로 반환한다.

```java
public static void main(String[] args)
        throws NoSuchMethodException, SecurityException,
        IllegalAccessException, IllegalArgumentException, InvocationTargetException {

    String aStr = "Test";
    System.out.println(aStr.getClass().getMethod("equals", Object.class).invoke(aStr, "Test"));

    if(aStr.equals("Test")) {
        System.out.println("같음");
    }
}
```

간단하게 위의 (1)번 코드와 (2)번 코드는 같은 일을 한다. 이런 설명을 하는 이유는 문제를 풀기 위해서는 이런 자바 리플렉션 메소드 호출 방법을 알고 있어야 하기 때문이다.

다시 문제의 코드로 돌아와서 하단의 코드를 보자.

```java
package org.teamsik.apps.hackingchallenge;

import android.content.Context;
import android.util.Base64;

public abstract class a {
    public static boolean a(Context arg8, String inputPasswd) {
        boolean v0_2;
        try {
            String v0_1 = new String(Base64.decode("c2lrMjAxNg==", 2), "UTF-8");
            Class.forName("android.util.Log").getMethod("d", String.class, String.class).invoke(null,
                    "Top Secret", "Checking if input is equal to " + v0_1);
            v0_2 = v0_1.getClass().getMethod("equals", Object.class).invoke(v0_1, inputPasswd).booleanValue();
        }
        catch(Exception v0) {
            v0_2 = false;
        }

        return v0_2;
    }
}
```

▲ 문제코드

106

위에서 설명한 내용과 같은 코드가 있다. 위에서 설명한 내용을 이해했다면 String 변수 v0_1의 값과 사용자가 입력한 값 inputPasswd 변수와 비교를 해서 같다면 True를 리턴해주는 코드임을 알 수 있었을 것이다. 그러면 디코드된 문자열만 알 수 있으면 된다. 문자를 Base64로 디코드하기 때문에 간단한 자바 코드를 작성해 원하는 답을 확인할 수 있다.

```java
 3⊝ import java.lang.reflect.InvocationTargetException;
 4   import org.apache.commons.codec.binary.Base64;
 5
 6   public class Main {
 7
 8⊝     public static void main(String[] args)
 9             throws NoSuchMethodException, SecurityException,
10             IllegalAccessException, IllegalArgumentException, InvocationTargetException {
11
12         String aStr = new String(Base64.decodeBase64("c2lrMjAxNg=="));
13         System.out.println("c2lrMjAxNg==   : "+aStr);
14         System.out.println(aStr.getClass().getMethod("equals", Object.class).invoke(aStr, "sik2016"));
15
16         if(aStr.equals("sik2016")) {
17             System.out.println("같음");
18         }
19     }
20 }
21
22
```

```
 Problems  @ Javadoc  Declaration  Search  Console ⛌

<terminated> Main (14) [Java Application] /Library/Java/JavaVirtualMachines/jdk1.7.0_79.jdk/Contents/Home/bin/java (2016. 10. 12. 오전 9:52
c2lrMjAxNg==   : sik2016
true
같음
```

▲ 이클립스를 통한 코드 구현

이제 인코딩된 문자가 sik2016임을 알았다. 정답을 확인하기 위해서 애플리케이션을 모바일 기기에 설치한다.

ADB[Android Debug Beidge]를 이용해서 연결돼 있는 기기를 adb devices 명령어로 확인한 후 adb install app-trivial-release.apk의 명령어로 애플리케이션을 설치한다. 이 장의 설명에서 쓰인 실습파일03은 https://github.com/AcornPublishing/android-reverse/에서 내려받을 수 있다.

▲ ADB를 이용한 문제 애플리케이션 설치

설치한 애플리케이션을 실행시키면 다음 그림과 같이 발견한 키를 입력하는 곳이 있다.

▲ 설치 후 입력

위 과정에서 찾아낸 비밀번호 sik2016을 입력한다. 그러면 정답임을 확인할 수 있다. 여기서 쓰인 실습파일은 https://github.com/AcornPublishing/android-reverse/에서 내려받을 수 있다.

▲ 정답 화면

3.4.2 JEB2

앞서 짧게 설명했던 대로 JEB2 버전은 2015년 8월 1일에 초기 버전이 릴리스됐는데 모토는 안드로이드 이외의 파일도 처리할 수 있도록 하기 위해서 모듈형 및 플러그인 방식과 백엔드back-end 방식으로 설계가 변경됐다.

다양한 방식으로 플러그인을 제작할 수 있고, 스크립트를 이용해서 자동화에 이용할 수 있으며, 안드로이드 애플리케이션의 동적 디버깅 기능을 할 수 있도록 변경됐다.

UI 배치

기본적인 UI는 이전버전과 크게 달라진 부분은 없다. 다만 화면에 보여지는 JEB1에서는 사용자가 원하는 대로 UI를 배치할 수 없었지만 JEB2에서는 여러 가지 UI를 사용자가 원하는 대로 배치할 수 있도록 변경됐다.

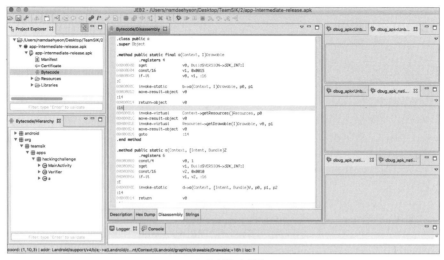

▲ JEB2 사용자 환경

아티팩트 추가

이전 버전에서는 하나의 인스턴스에 하나의 APK 파일을 열어 분석할 수 있었다.
버전이 올라가면서 하나의 인스턴스에 여러 개의 APK 파일을 열어 분석할 수 있
으며, APK 파일에 classes.dex, classes2.dex 파일이 존재한다면 2개의 dex 파일
을 통합해주는 기능을 추가했다. 물론 이 기능 때문에 방해가 될 때도 있지만 여러
모로 편한 기능임에는 틀림 없다.

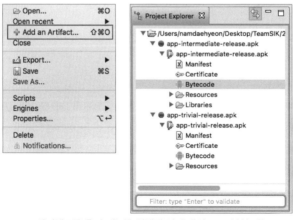

▲ 아티팩트를 추가 메뉴를 선택해 여러 개의 APK 분석 가능

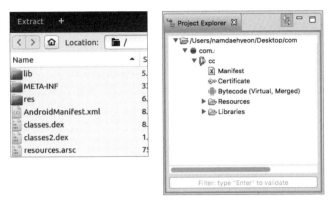

▲ 여러 개의 classes.dex 파일을 하나로 만들어주는 Merge 기능

APK 파일을 열 때 classes.dex 파일이 여러 개인 경우에 자동으로 하나로 만들어주는 기능이 있다. 만약 Merge가 실패하면 2개의 파일로 표시한다. 가끔 2개의 파일의 Merge기능이 실패해 열리지 않는 경우가 존재하는데, 이때는 우분투에 기본적으로 설치돼 있는 Archive와 같은 도구로 열어 classes2.dex 파일을 삭제하고 JEB2로 열면 문제 없이 열린다.

애플리케이션 동적 디버깅
JEB2는 안드로이드 애플리케이션[APK]의 디버깅 기능을 제공한다. 먼저 디버깅 기능을 이용하기 위해서는 안드로이드 SDK를 설치해야 한다. adb를 이용하기 때문에 사용하는 플랫폼에 따라 환경 변수 설정도 반드시 필요하다.

안드로이드 애플리케이션을 동적으로 디버깅하기 위해서는 몇 가지 조건을 만족해야 한다. 첫째로 내가 직접 제작한 애플리케이션의 경우에 Manifest에 디버깅 가능 옵션을 추가해 동적 디버깅을 할 수 있도록 하는 것이다. 애플리케이션의 동적 디버깅을 위해서는 안드로이드 애플리케이션[APK] Manifest.xml 파일에 `android:debuggable="true"` 옵션이 존재해야 된다.

```
dex<Unbound>  X Manifest/Formatted Text  X
<?xml version="1.0" encoding="utf-8"?>
<manifest package="ida.debug.hellojni" platformBuildVersionCode="17" platformBuildVersionName="4.2.2-1425461" xmlns:and
    <application android:debuggable="true" android:icon="@drawable/ic_launcher" android:label="@string/app_name">
        <activity android:label="@string/app_name" android:name="MainActivity">
            <intent-filter>
                <action android:name="android.intent.action.MAIN" />
                <category android:name="android.intent.category.LAUNCHER" />
            </intent-filter>
        </activity>
    </application>
    <uses-permission android:name="android.permission.DISABLE_KEYGUARD" />
</manifest>
```

▲ android:debuggable="true" 옵션 확인

실제 플레이스토어나 다운로드한 애플리케이션을 기기에 설치하고 동적 디버깅을
이용하기 위해서는 디버깅을 하고 싶은 애플리케이션APK의 Manifest.xml 파일에
android:debuggable="true" 옵션이 존재해야 한다. 하지만 구글의 플레이스토
어에 위의 옵션이 설정돼 있는 애플리케이션은 없다. 왜냐하면 플레이스토어에 올
릴 때 위의 항목이 존재하면 애플리케이션을 올릴 수 없기 때문이다.

과거에는 안드로이드 애플리케이션 리패키징Android App Repacking이라는 방법을 통해
시 Manifext.xml 파일에 android:debuggable="true" 옵션이 없으면 수정해서
추가하곤 했는데, 애플리케이션 리패키징 에러 등으로 안 되는 경우에는 Manifest.
xml 파일을 수정하는 이 방법은 사용할 수 없다. 최근 리패키징이 안 되는 것들이
많이 때문에 이 방법은 추천하지는 않는다.

두 번째로 애플리케이션을 동적 디버깅하기 위해서는 에뮬레이터를 이용하는 방
법이 있다. 비교적 간단하고 별도의 수정이 필요치 않기 때문에 많이 사용된다. 위
에서 설명한 것처럼 android:debuggable="true" 옵션이 없더라도 에뮬레이터
를 이용하면 동적 디버깅이 가능한데, 그 이유는 다음 그림과 같이 다음의 옵션 때
문이다. 기기의 설정을 확인할 수 있는 명령으로 getprop이란 명령이 있다.

에뮬레이터나 모바일 기기가 연결돼 있는 상태에서 adb shell getprop 명령을
이용해서 현재 연결 중인 기기의 설정 등을 확인할 수 있다.

이 값들 중에서 ro.debuggable 값이 1로 돼 있으면 Manifest.xml 파일에 디버깅 옵션이 없더라도 애플리케이션의 동적 디버깅이 가능하다.

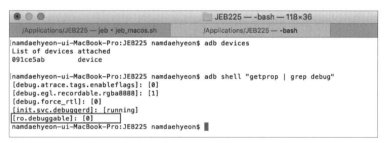

▲ adb를 이용해서 연결된 기기의 prop 값 확인

따라서 이러한 옵션 없이 디버깅하려면 앞서 설명한 에뮬레이터의 설정처럼 ro.debuggable 값이 1이 돼야 한다.

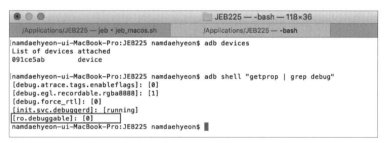

▲ prop 값 중 debuggable 값이 0

보통의 디바이스 설정은 위의 그림과 같이 ro.debuggable 값이 0이다. 실제 모바일 기기에서 이 값을 수정하기 위해서는 안드로이드 버전, 모바일 기기마다 약간의 차이가 있을 수 있다.

SETPROPEX를 이용한 설정값 변경

안드로이드 4.22 버전 이전 버전의 기기에서는 setpropex라는 도구를 이용해서 쉽게 설정 가능하다. 설정을 하기 위해서는 루팅이 선행돼야 하고, 설정 후 모바일 기기를 재시작하면 다시 설정해야 한다.

도구는 http://t.co/mMtzylU7에서 다운로드 가능하며 소스코드가 공개돼 있다. 다운로드 후 이미 컴파일돼 있는 3개의 파일을 모바일 기기의 /data/local/tmp 폴더에 복사해 넣는다.

```
adb push setpropex /data/local/tmp
adb push libcutils.so /data/local/tmp
adb push libc.so /data/local/tmp
```

이렇게 복사해 넣은 후 모바일 기기에 접속한다. root 권한을 획득한 후 옮겨 놓은 바이너리를 이용해서 ro.debugable 설정을 수정할 수 있다.

```
./setpropex  ro.debugable  1
```

다음은 위에서 설명한 실제 설정을 한 그림이다.

```
root@android:/data/local/tmp # getprop | grep debugable
[ro.debugable]: [0]
root@android:/data/local/tmp # ./setpropex ro.debugable 1
root@android:/data/local/tmp # getprop | grep debugable
[ro.debugable]: [1]
root@android:/data/local/tmp # 
```

▲ ro.debugable 값 설정

CVE-2016-5195 취약점을 이용한 설정값 변경*

2016년 10월 dirtyC0w라는 이름의 CVE-2016-5195가 발표됐고, 안드로이드 시스템도 이 취약점의 영향으로 root 권한으로도 변경할 수 없었던 default.prop 파일을 CVE-2016-5195 익스플로잇을 통해 default.prop 파일 수정을 통해 디버깅 가능하도록 변경할 수 있다. 하지만 모바일 기기를 다시 시작할 경우 ramdisk에 의해서 default.prop는 초기 설정으로 되돌아가기 때문에 모바일 기기 재시작 후에는 익스플로잇을 통해 다시 변경해야 기기에서 안드로이드 애플리케

---

* https://github.com/AcornPublishing/android-reverse/에서 참고자료01을 확인할 수 있다.

이션의 Manifest.xml 파일에 `android:debuggable="true"`라는 옵션이 없더라도 디버깅을 할 수 있다.

먼저 필자의 테스트 기기는 안드로이드 5.1.1버전인 넥서스 5다. 2015년 3월 10일자 커널 빌드 3.4.0-gbebb36b다.

그리고 Android SDK, Android NDK가 설치돼 있다고 가정하고, dirtyc0w (CVE-2016-5195) 익스플로잇은 다음 주소에서 다운로드할 수 있다.

https://github.com/timwr/CVE-2016-5195

▲ CVE-2016-5195 다운로드

위 그림의 녹색 버튼을 눌러 다운로드한다. 컴파일을 위해 다운로드 후 압축을 해제하고 해당 경로로 이동한다.

먼저 다운로드한 익스플로잇 중에서 default.prop만을 수정하기 위해서는 dirtycow.c 파일만 컴파일하면 되기 때문에 Android.mk 파일에서 필요 없는 부분을 빼기 위해 Android.mk 파일을 `gedit`로 열어 하단에 존재하는 중간의 `include $(CLEAR_VARS)`부터 하단의 `include $(BUILD_EXECUTABLE)` 부분을 삭제한다. 수정 후 파일은 다음 그림과 같다.

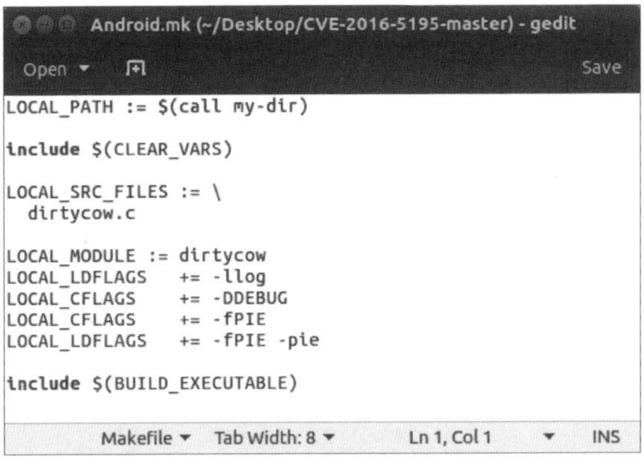

▲ Andrid.mk 파일 수정 후

위와 같이 수정한 후 익스플로잇을 컴파일한다.

```
make
```

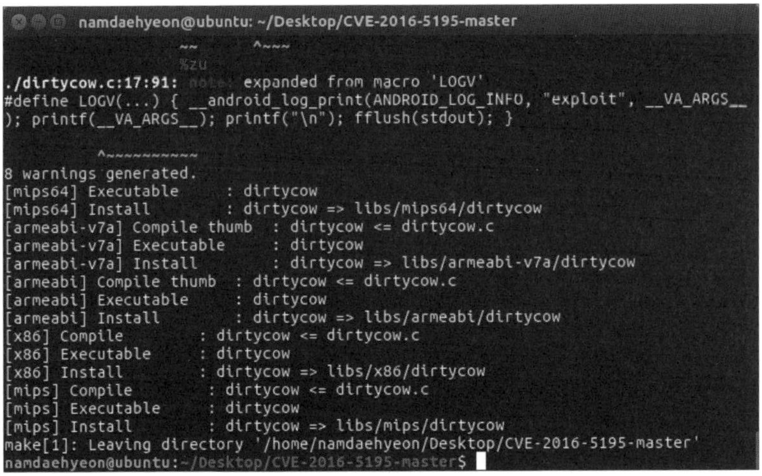

▲ dirtycow 익스플로잇 컴파일

컴파일 후 obj 폴더 안에 다양한 환경의 바이너리가 생성되고, 나의 테스트 기기
는 Nexus 5이므로 32비트 ARM 계열의 armeabi-v7a 바이너리를 사용할 것이다.
obj/local/armeabi-v7a 경로로 이동하면 dirtycow 바이너리를 확인할 수 있다.

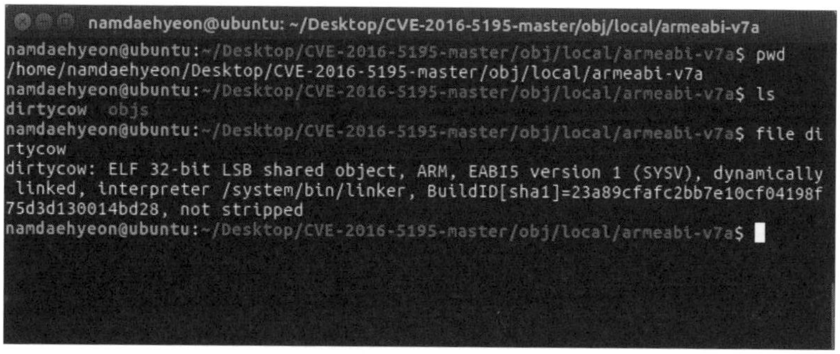

▲ 컴파일된 dirtycow 바이너리 확인

이제 Nexus 5 5.1.1 기기를 연결한다. 기기 연결 후 안드로이드 기기의 루트 디렉토리에 있는 default.prop 파일의 값을 확인하는 것이다. 기기가 정상적으로 연결되고, adb가 설치돼 있다면 아래의 명령어로 확인할 수 있다.

```
adb shell 'cat /default.prop'
```

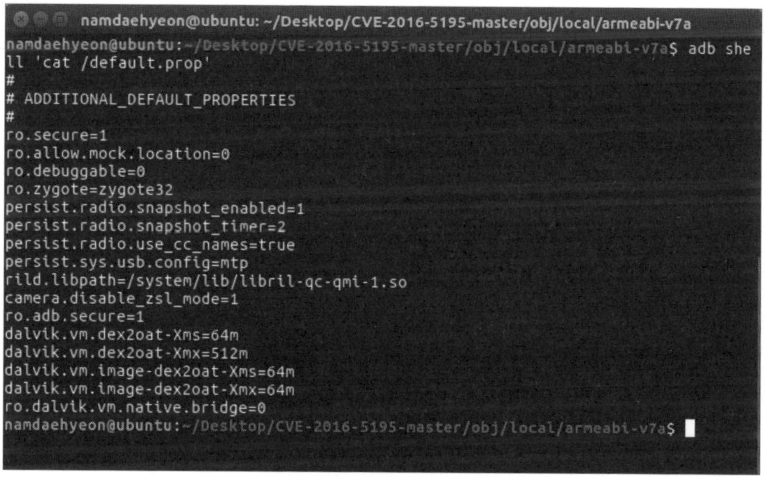

▲ Nexus 5의 default.prop 값

기기의 루트 디렉토리에 있는 default.prop 파일의 값을 확인하고 변경해야 할 내용을 복사해놓는다.

복사 후 gedit를 열어 내용을 붙인다. 우리는 에뮬레이터처럼 기기에서 안드로이드 애플리케이션을 디버깅하기 위해 초기 default.prop의 ro.debuggable=0 대신 ro.debuggable=1로 변경한다. 그리고 default.prop이란 파일명으로 obj/local/armeabi-v7a 폴더에 저장한다.

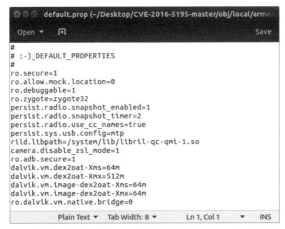

▲ gedit를 이용한 default.prop 파일 생성 및 debuggable 값 수정

이제 obj/local/armeabi-v7a 폴더에는 dirtycow 바이너리와, default.prop 파일이 있고, 이 바이너리와 파일을 모바일 기기로 아래의 명령을 통해 옮기고, 실행 권한을 부여한다.

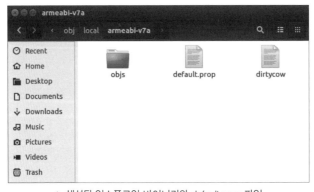

▲ 생성된 익스플로잇 바이너리와 default.prop 파일

```
adb push dirtycow /data/local/tmp
adb push default.prop /data/local/tmp
adb shell 'chmod 777 /data/local/tmp/dirtycow'
```

모바일 기기에 복사한 익스플로잇은 커널 취약점을 이용한 것으로 기기의 루트 디렉토리에 있는 default.prop 파일을 복사해 넣은 /data/local/tmp/default.prop 파일을 /default.prop 파일로 바꿔준다.

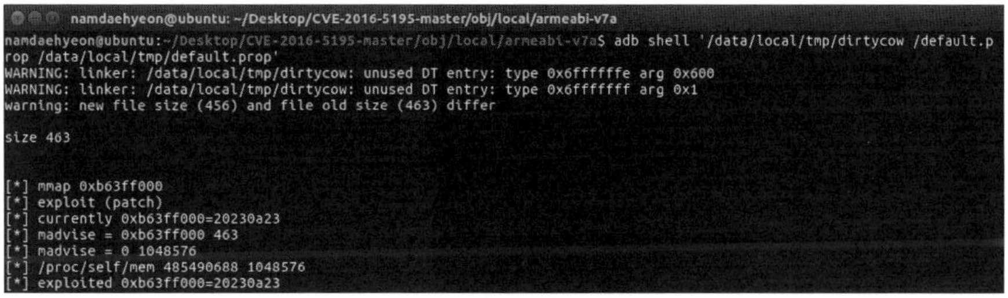

▲ dirtycow 익스플로잇 실행

위는 익스플로잇을 실행시킨 그림이다. 실제 dirtycow 익스플로잇으로 기기의 /default.prop 파일이 내가 옮긴 /data/local/tmp/default.prop 파일과 교체됐는지 확인해보자. 다음 그림처럼 ro.debuggable 값이 1로 변경된 것을 확인할 수 있다.

▲ 교체된 default.prop 파일

그 이외 안드로이드 기기의 ro.debugable 옵션 변경에 대해서는 임의의 ramdisk 를 컴파일해 올리는 방법도 있다.

JEB2 동적 디버깅 기능 사용 관련 문제 해결

MacOS X, 리눅스 환경에서 JEB2에서 제공해주는 애플리케이션 디버깅 기능을 이용하기 위해서 MacOS X 환경에서 안드로이드 SDK 설치를 완료하고, 환경 변수 ANDROID_HOME, ANDROID_SDK_HOME, ANDROID_SDK_ROOT를 각각 설정을 해줬음에도 JEB2에서 위의 그림과 같이 경고창을 띄워 디버깅 기능을 이용할 수 없었던 경험이 있었다.

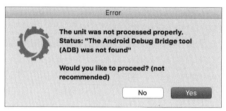

▲ JEB2에서 ADB를 찾을 수 없다는 경고창

무엇 때문에 이러한 문제가 발생하는지 원인을 파악하기 위해서 JEB2의 실행파일에 해당하는 jeb.jar 파일을 JD-GUI를 통해서 adb가 있는 경로를 어떻게 얻어오는지 살펴보고 해결책을 찾았다.

```
                              mP.class  ×
 88       if (paramString != null)
          {
 89         paramLong = new File(paramString);
          }
          else
          {
 92         paramString = new ArrayList();
            Object localObject1;
 95         if ((localObject1 = System.getenv("ANDROID_HOME")) == null) {
 97           if ((localObject1 = System.getenv("ANDROID_SDK_HOME")) == null) {
 98             localObject1 = System.getenv("ANDROID_SDK_ROOT");
             }
          }
101         if (localObject1 != null)
          {
102           localObject1 = IO.expandPath((String)localObject1);
103           paramString.add(new File((String)localObject1, "platform-tools").getAbsolutePath());
          }
107         if ((localObject1 = System.getenv("PATH")) != null) {
108           paramString.addAll(Arrays.asList(((String)localObject1).split(File.pathSeparator)));
          }
111         paramString = paramString.iterator();
```

코드를 잠시 살펴보면 환경 변수에서 ANDROID_HOME 값을 발견할 수 없다면 ANDROID_SDK_HOME 값을, 그 값도 없으면 ANDROID_SDK_ROOT 환경 변수 값을 이용해서 platform-tools 경로를 설정해서 최종적으로 adb를 실행시킴을 확인할 수 있다.

우선 임의의 .jar 파일을 그냥 실행시켰을 때와 터미널과 같은 콘솔에서 .jar 파일을 실행시켰을 때 환경 변수를 제대로 불러오는지 확인하기 위해서 자바로 간단하게 환경 변수를 출력하는 프로그램을 제작해봤다.

```java
Main.java ⌛
1  package com.namdaehyeon.envtest;
2
3  public class Main {
4
5      public static void main(String[] args) {
6          System.out.println("ANDROID_HOME:==>" + System.getenv("ANDROID_HOME"));
7      }
8  }
```

▲ 환경 변수 테스트 코드

이렇게 작업한 프로그램을 터미널에서 실행시켰을 때는 환경 변수가 제대로 작동했으나, MacOS X 환경에서 JEB의 실행파일인 jeb.app을 실행시키게 되면 절대로 JEB2에서 제공하는 디버깅 기능을 이용할 수 없었다. 왜냐하면 이미 설정한 ANDROID_HOME과 같은 환경 변수를 읽지 못하기 때문이다.

```
● ● ●                    JEB225 — jeb • jeb_macos.sh — 118×13
                         /Applications/JEB225 — jeb • jeb_macos.sh
namdaehyeon-ui-MacBook-Pro:Desktop namdaehyeon$ java -jar test.jar
ANDROID_HOME:==>/Users/namdaehyeon/Library/Android
namdaehyeon-ui-MacBook-Pro:Desktop namdaehyeon$ cd /Applications/JEB225/
namdaehyeon-ui-MacBook-Pro:JEB225 namdaehyeon$ ./jeb_macos.sh
Memory: Reserved by the JVM: 156.00 MiB / Free: 143.70 MiB / Used: 12.30 MiB
JEB v2.2.5.201606152142 (release/full/floating/air-gap/any-client/core-api)
Current directory: /Applications/JEB225/bin/jeb.app/Contents/MacOS
Base directory: /Applications/JEB225
Program directory: /Applications/JEB225/bin
System: Mac OS X 10.11.6 (x86_64) en
Java: Oracle Corporation 1.7.0_79
Plugin loaded: class com.pnf.plugin.pdf.PdfPlugin
Plugin loaded: class com.pnf.plugin.oat.OATPlugin
```

▲ test.jar 실행 결과 및 jeb_macos.sh 실행

디버깅 기능을 이용하기 위해서는 환경 변수를 설정한 터미널에서 위 그림과 같이 JEB2 폴더에 있는 jeb_macos.sh 스크립트를 실행시켜야 사용이 가능하다.

MacOS X의 경우 간편하게 프로그램을 실행시키기 위해서 DOCK에 애플리케이션을 추가해 사용하곤 하는데, JEB2를 이렇게 DOCK에 추가해 사용할 경우 환경 변수에 설정한 ANDROID_HOME 값을 적용받을 수 없게 돼 JEB2가 제공하는 디버깅 기능을 이용할 수 없다.

JEB2를 이용한 애플리케이션 디버깅

위 사전작업을 다 충족한다는 것을 전제로, 안드로이드 애플리케이션APK 디버깅을 시작해보자.

디버깅할 애플리케이션은 TeamSIK이라는 해킹 그룹에서 2016년 초에 출제했던 간단한 문제다. 문제가 준비됐다면 app-trivial-release.apk 애플리케이션을 디버깅에 사용할 기기에 설치한다**. 컴퓨터와 모바일기기에 USB를 이용해서 연결이 돼 있는 상태여야 하고, 개발자 옵션에서 **USB 디버깅**이 활성화돼 있어야 한다.

JEB2를 이용해서 app-trivial-release.apk 애플리케이션을 연다. 그 후 디버깅에 필요한 Manifest 정보를 확인해야 하는데 디버깅이 가능한 앱인지 여부를 먼저 확인한다. android:debuggable="true"라는 옵션이 없기 때문에, 디버깅 기능을 지원하지 않음을 알 수 있다. 그리고 두 가지 정보인 패키지 이름, 디버깅을 시작할 액티비티 이름만 확인하면 된다.

** 실습에 사용된 파일은 https://github.com/AcornPublishing/android-reverse/의 실습자료03 파일을 참고하면 된다.

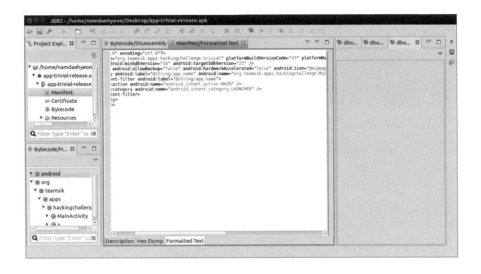

패키지 이름은 org.teamsik.apps.hackingchallenge.trivial다. 액티비티 이름은 org.teamsik.apps.hackingchallenge.MainActivity이다.

이제 JEB2에서 현재 실행 중인 애플리케이션 중에서 디버깅 플래그 값을 확인할 수 있게 다음 명령어를 실행시킨다.

```
adb shell am start -D -n <패키지이름>/<액티비티>
adb shell am start -D -n org.teamsik.apps.hackingchallenge.trivial/org.
teamsik.apps.hackingchallenge.MainActivity
```

am은 Activity Manager를 의미하고 액티비티를 실행시키기 위해서 start 명령으로 org.teamsik.apps.hackingchallenge.trivial/org.teamsik.apps.hackingchallenge.MainActivity 경로의 MainActivity를 실행시키고 디버깅 기능하도록 하는 -D 플래그 추가 및 -n 네이티브 힙메모리 덤프를 하라는 -n 옵션을 줬다.

```
namdaehyeon@ubuntu: ~/Desktop
namdaehyeon@ubuntu:~/Desktop$ adb shell am start -D -n org.teamsik.apps.hackingc
hallenge.trivial/org.teamsik.apps.hackingchallenge.MainActivity
Starting: Intent { cmp=org.teamsik.apps.hackingchallenge.trivial/org.teamsik.app
s.hackingchallenge.MainActivity }
namdaehyeon@ubuntu:~/Desktop$
```

이렇게 명령어를 입력하면 모바일 기기에 설치한 `app-trivial-release.apk`이
아래의 그림을 보이며 실행될 것이다.

▲ 디버거 대기 화면

이제 JEB2 사용자 환경 창에서 벌레 모양의 아이콘을 클릭한다. 벌레 모양의 아
이콘에 마우스를 가져다 대면 `Start a Debug Session`이라고 나타난다. 디버그
버튼인 벌레모양 아이콘은 클릭하면 다음과 같은 화면을 볼 수 있고, 위에서 명령
어를 통해서 액티비티를 실행시켰기 때문에 필요한 정보는 자동으로 채워져 나타
난다.

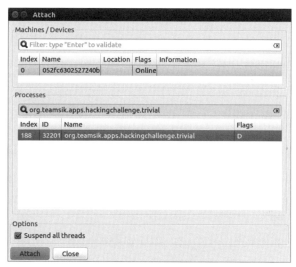

▲ 장치 선택 및 애플리케이션 선택

먼저 현재 연결돼 있는 안드로이드 장치의 이름이 나오고, 디버깅 가능한 패키지 이름이 나타난다. 하단의 Suspend all threads 체크박스를 체크하고 Attach 버튼을 누르면 아래의 화면에서 일시정지할 것이다.

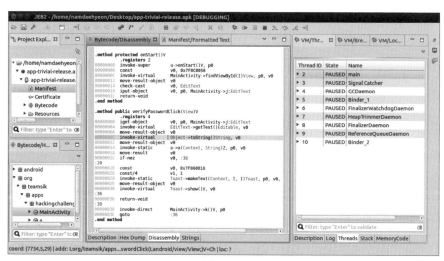

▲ 디버깅 초기 화면

위 그림에서 멈추면 이제 브레이크 포인트^{Break Point}를 설정해 어느 지점을 디버깅하고 싶은지 정해야 한다. 나는 우선 액티비티가 생성될 때 안드로이드 시스템으로부터 호출되는 onCreate() 메소드에 브레이크 포인트를 설정한 후에 잘 되는지 확인해봤다. 벌레 아이콘 우측의 ▷ 아이콘을 클릭하면 계속 진행된다. 다음 그림은 그 결과다.

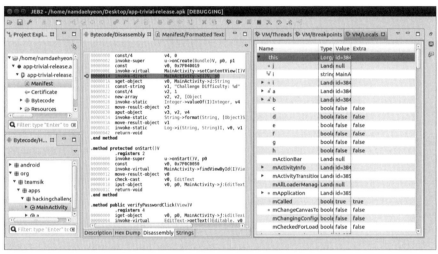

▲ 브레이크 포인트로 설정된 onCreate 메소드에서 멈춘 디버거

이제 ▷ ⅠⅠ ■ ⅗ ⌒ ⌐ ⌐ 다른 디버거와 마찬가지로 Step Into, Step Over 등을 이용해 앱의 코드를 디버깅하면 된다.

JEB2를 이용한 앱디버깅과 디버깅이 안 될 때 문제점 및 해결책 등을 살펴봤다.

안드로이드 앱 정적 분석

4장

4.1 안드로이드 APK 추출

플레이스토어를 통해 설치한 애플리케이션을 분석하려면, 먼저 설치한 애플리케이션을 추출해 내는 작업이 필요하다. ADB^{Android Debug Bridge}를 이용해 추출할 수 있고, '아스트로 파일 관리자'와 같은 애플리케이션을 이용해 추출해 낼 수 있다. 각각의 방법을 통해 애플리케이션 추출하는 방법을 알아보자.

4.1.1 ADB

ADB를 이용해 이미 설치돼 있는 애플리케이션을 추출해 내는 방법은 간단하고, 두세 줄의 명령이면 된다.

먼저 설치돼 있는 애플리케이션의 목록을 살펴보는 명령어는 다음과 같다.

```
adb shell pm list packages -f -3
```

설치돼 있는 패키지를 모두 보여주는 pm list packages 명령어에 관련 패키지를
보여줄 때 '관련 파일까지 보여줘라'하는 -f 옵션과 '서드파티 패키지만 보여줘라'
하는 -3 옵션을 추가해 우리가 필요한 애플리케이션을 추출해 낼 수 있다.

```
namdaehyeon-ui-MacBook-Pro:JEB225 namdaehyeon$ adb shell pm list packages -f -3
package:/data/app/com.nhn.android.search-1/base.apk=com.nhn.android.search
package:/data/app/org.teamsik.apps.hackingchallenge.easy-1/base.apk=org.teamsik.
apps.hackingchallenge.easy
package:/data/app/org.teamsik.apps.hackingchallenge.hard-1/base.apk=org.teamsik.
apps.hackingchallenge.hard
package:/data/app/com.ssaurel.unicodechars-1/base.apk=com.ssaurel.unicodechars
package:/data/app/com.nhn.android.appstore-1/base.apk=com.nhn.android.appstore
package:/data/app/com.cdn.aquanmanager-1/base.apk=com.cdn.aquanmanager
package:/data/app/net.daum.android.tvpot-2/base.apk=net.daum.android.tvpot
package:/data/app/kr.co.tickctlink.sports-1/base.apk=kr.co.ticketlink.sports
namdaehyeon-ui-MacBook-Pro:JEB225 namdaehyeon$
```

이렇게 보여진 패키지 관련 정보 중에서 처음의 package:에서부터 = 사이의 apk
정보다. 이 정보를 바탕으로 애플리케이션을 추출하는 방법은 모바일 기기에서 파
일을 꺼내오는 명령어인 adb pull을 이용하면 된다.

```
package:/data/app/org.teamsik.apps.hackingchall
enge.hard-1/base.apk=org.teamsik.apps.hackingchallenge.hard
```

위 목록에 나타나 있는 정보에서 우리가 필요한 정보는 다음과 같다.

```
/data/app/org.teamsik.apps.hackingchallenge.hard-1/base.apk
```

이 애플리케이션을 추출하는 명령은 다음과 같다.

```
adb pull /data/app/org.teamsik.apps.hackingchallenge.hard-1/base.apk
```

이렇게 추출하면 이름이 base.apk로 추출되기 때문에 어떤 애플리케이션이 추출됐는지 알 수 없기에 -a 옵션을 줘서 특정 이름을 설정할 수 있다.

```
adb pull /data/app/org.teamsik.apps.hackingchallenge.hard-1/base.apk
-a org.teamsik.apps.hackingchallenge.hard.apk
```

이렇게 하면 플레이스토어를 통해 설치한 애플리케이션을 추출해 낼 수 있다.

4.1.2 아스트로 파일 관리자

설치한 애플리케이션 백업에 사용되는 많은 애플리케이션들이 있지만 나는 '아스트로 파일 관리자'를 이용해 이미 설치된 애플리케이션을 추출해 낼 것이다. '아스트로 파일 관리자' 애플리케이션이 없다면 플레이스토어에서 '아스트로'로 검색해 쉽게 설치할 수 있다. 설치 후 '아스트로 파일 관리자' 애플리케이션을 실행시키고 좌측 상단에 있는 화살표를 터치하면 다음 그림을 확인할 수 있다.

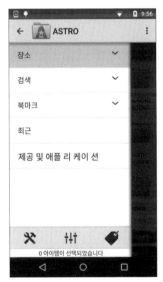 

▲ 아스트로를 이용한 애플리케이션 백업

위 그림에서 좌측 도구 아이콘을 클릭하면 **앱 관리** 메뉴를 볼 수 있다. **앱 관리**를 선택하면 설치한 앱 목록을 확인할 수 있다. 추출하고 싶은 애플리케이션 아이콘을 찾고, 찾은 애플리케이션의 목록 우측 상단 …를 클릭하면 BACKUP 버튼이 보이는데, 이 버튼을 모바일 기기의 /sdcard/backups/apps/에 패키지 이름으로 저장된다.

추출을 위해서는 ADB를 이용해 아래의 명령어를 이용해 추출하거나 구글에서 제공하는 'Android 파일 전송' 같은 프로그램을 이용해서 추출한다.

```
adb pull /sdcard/backups/apps/org.teamsik.apps.hackingchallenge.hard.apk
```

4.2 분석방지 솔루션 우회

모바일 환경이 발전하면서 많은 부분이 모바일 환경으로 넘어가고 있고, 그로 인해 모바일 애플리케이션으로 만들어지는 것들이 많아지고 있다. 안드로이드 환경의 애플리케이션은 자바로 만들어지며 자바의 언어적 특성으로 쉽게 디컴파일된다.

개발사측에서는 불법적인 공격, 보안적인 이슈를 해결하고자 애플리케이션 리패키징을 할 수 없도록 하고, 코드의 노출을 차단하기 위해서 자바 코드를 난독화하거나, 분석방지 솔루션을 적용해 플레이스토어에 등록한다.

분석가 입장에서는 앱 분석을 위해서 분석방지 솔루션 등을 우회해 분석하는 방법을 사용해야 한다.

분석 방지 솔루션은 크게 두 가지 방법으로 나뉘는데, 첫째로 안드로이드 환경에 맞게 제작된 애플리케이션들은 자바 언어적 특성상 쉽게 디컴파일되기 때문에, 디컴파일되더라도 프로그램의 기능이나, 흐름을 파악할 수 없도록 하기 위한 방법으로 애플리케이션의 패키나 클래스, 메소드, 필드 이름을 특수문자 형태로 난독화시키고 또한 프로그램에 사용했던 문자열들 역시 난독화시키는 방법이 있다.

두 번째 방법은 우리가 보호하고 싶은 애플리케이션 A가 있다고 하면, A 애플리케이션을 보호하기 위해 만들어진 랩퍼 애플리케이션 B가 있다. 이 랩퍼 애플리케이션 B는 A 애플리케이션을 암호화해서 저장하고 있다가, 프로그램을 시작하면, 짧은 순간 A의 실행파일에 해당하는 .dex 파일 혹은 apk 파일 또는 .jar 파일을 생성하고, 이렇게 생성한 애플리케이션을 실행하는 역할을 한다.

물론 이렇게 생성된 A 애플리케이션도 난독화돼 있는 경우도 존재하고 복호화 방법은 솔루션마다 다르다. 내가 다루고자 하는 방법은 이렇게 랩퍼 B 애플리케이션에 쌓여 있는 A 애플리케이션을 구해서 분석하고 싶을 때 유용한 팁을 알려주기 위함이다.

4.2.1 루팅 기기를 이용한 분석방지 솔루션 우회

분석을 위해서는 첫 번째로 루팅된 기기가 필요하다. 또한 분석을 위한 애플리케이션을 설치하는 것이다. 준비됐다면 애플리케이션 설치를 위해 `adb devices` 명령을 통해 기기가 연결돼 있는지부터 확인한다.

```
Device 확인
namdaehyeon@Ubuntu:~$ adb devices
* daemon not running. starting it now on port 5037 *
* daemon started successfully *
List of devices attached
052fc6302527240b	device
```

애플리케이션이 이미 설치돼 있다면 상관없지만 다른 곳에서 받은 애플리케이션이라면 ADB를 이용해서 설치한다.

```
adb install qwerasdf.apk
```

애플리케이션이 설치됐다면 루팅이 완료된 기기에 접속해 root 권한을 얻어야 한다.

```
namdaehyeon@Ubuntu:~/Desktop$ adb shell
shell@hammerhead:/ $ su
root@hammerhead:/ # id
uid=0(root) gid=0(root) context=u:r:init:s0
root@hammerhead:/ #
```

이제 설치가 완료된, 즉 난독화가 적용된 애플리케이션을 실행시킨다. 실행시킨 후 ps를 입력하고 애플리케이션 이름으로 grep을 이용한다. 이 과정은 애플리케이션의 메모리 맵memory map을 확인하기 위한 과정으로 애플리케이션의 PIDProcess ID가 필요하다.

```
root@hammerhead:/ # ps | grep "qwerasdf"
u0_a159   12307 207    1770000 116128 ffffffff b6dacf48 S com.namdaehyeon.
qwerasdf
root@hammerhead:/ #
```

표에서 u0_a159는 유저이고, 샌드박스 때문에 실행되는 애플리케이션마다 유저는 모두 다르다. 12307은 우리가 필요로 하는 정보로 PID이고, 207은 PPID로, PPID는 자기 자신을 실행시킨 부모의 PID 값이다.

```
root     207   1    1488020 36352 ffffffff b6dadc54 S zygote
```

위로 올라가보면 207이 누구인지 확인할 수 있고, zygote임을 알 수 있다. 1777000은 VSIZE로써 이는 가상 메모리의 크기다. 116128은 RSS다. RSS는 Resident Set Size의 약자로 실제로 할당된 메모리를 나타낸다. WCHAN란 프로세스가 기다리고 있는 이벤트를 나타낸다. 메모리 맵Memory Map을 확인하려면 PID 값이 필요하고 다음의 명령을 통해서 확인할 수 있다.

```
cat /proc/<PID>/maps
```

안드로이드의 기본 권한인 shell 권한으로는 메모리 맵을 확인할 수 없기 때문에 root 권한이 필요한 것이다.

```
root@hammerhead:/ # cat /proc/12307/maps
12c00000-12e01000 rw-p 00000000 00:04 9758        /dev/ashmem/dalvik-main
  space (deleted)
9cdcd000-9ee8d000 r--p 00000000 b3:1c 106128      /data/dalvik-cache/arm/
  data@app@com.google.android.gms-2@abcdefg.apk@classes.dex
9ee8d000-a1397000 r-xp 020c0000 b3:1c 106128      /data/dalvik-cache/arm/
  data@app@com.google.android.gms-2@abcdefg.apk@classes.dex
a1397000-a1398000 rw-p 045ca000 b3:1c 106128      /data/dalvik-cache/arm/
  data@app@com.google.android.gms-2@abcdefg.apk@classes.dex
a1398000-a196e000 r--p 00000000 b3:1c 374752      /data/data/com.
  namdaehyeon.qwerasdf/files/abcdefg.dex (deleted)
a196e000-a1e6c000 r-xp 005d6000 b3:1c 374752      /data/data/com.
  namdaehyeon.qwerasdf/files/abcdefg.dex (deleted)
a1e6c000-a1e6d000 rw-p 00ad4000 b3:1c 374752      /data/data/com.
  namdaehyeon.qwerasdf/files/abcdefg.dex (deleted)
a62b3000-a62e1000 rw-p 00000000 00:00 0
```
aeafc000-aeafd000 r--p 00000000 b3:1c 374752   /data/data/com.
namdaehyeon.qwerasdf/files/abcdefg.dex (deleted)
```
aeafe000-aeb00000 rw-p 00000000 00:04 366883      /dev/ashmem/dalvik-
  indirect ref table (deleted)
af0db000-af0dd000 rw-p 00000000 00:00 0
af0dd000-af104000 r--s 0191d000 b3:1c 171189      /data/app/com.google.
  android.webview-1/abcdefg.apk
af104000-af108000 r--s 01945000 b3:1c 171189      /data/app/com.google.
  android.webview-1/abcdefg.apk
af108000-af109000 r--p 00000000 b3:1c 106204      /data/dalvik-cache/arm/
  data@app@com.google.android.webview-1@abcdefg.apk@classes.dex
af109000-af10a000 rw-s 630c9000 00:08 5325        anon_inode:dmabuf
af10a000-af10f000 r--p 00000000 b3:1c 374769      /data/data/com.
  namdaehyeon.qwerasdf/cache/ads467206242.dex (deleted)
af10f000-af111000 r-xp 00005000 b3:1c 374769      /data/data/com.
  namdaehyeon.qwerasdf/cache/ads467206242.dex (deleted)
```

```
af111000-af112000 rw-p 00007000 b3:1c 374769     /data/data/com.
   namdaehyeon.qwerasdf/cache/ads467206242.dex (deleted)
af112000-af113000 r-xp 00000000 00:00 0
af113000-af115000 rw-p 00000000 00:04 370422     /dev/ashmem/dalvik-
   indirect ref table (deleted)
af304000-af305000 r--p 00000000 b3:1c 374769     /data/data/com.
   namdaehyeon.qwerasdf/cache/ads467206242.dex (deleted)
af305000-b04e1000 r--s 00000000 b3:19 18         /system/usr/icu/icudt53l.
   dat
b04e1000-b0515000 r-xp 00000000 b3:19 602        /system/lib/libjavacore.
   so
b0515000-b0516000 ---p 00000000 00:00 0
b0516000-b0517000 r--p 00034000 b3:19 602        /system/lib/libjavacore.
   so
b0517000-b0519000 rw-p 00035000 b3:19 602        /system/lib/libjavacore.
   so
b0519000-b051a000 r--p 00000000 00:00 0          [anon:linker_alloc]
...
b3565000-b358d000 rw-p 00000000 00:04 370321     /dev/ashmem/dalvik-large
   object space allocation (deleted)
b358d000-b35bf000 rw-p 00000000 00:04 370320     /dev/ashmem/dalvik-large
   object space allocation (deleted)
b35bf000-b35c7000 rw-p 00000000 00:04 368242     /dev/ashmem/dalvik-large
   object space allocation (deleted)
b35e0000-b35e2000 rw-p 0000b000 b3:1c 374744     /data/app/com.
   namdaehyeon.qwerasdf-1/lib/arm/libqwerasdflib.so
b35e2000-b3656000 r--s 00307000 b3:1c 374738     /data/app/com.
   namdaehyeon.qwerasdf-1/abcdefg.apk
b3656000-b3657000 r--p 00000000 b3:1c 106118     /data/dalvik-cache/arm/
   data@app@com.namdaehyeon.qwerasdf-1@abcdefg.apk@classes.dex
b3657000-b3658000 rw-s 3a6e7000 00:08 5325       anon_inode:dmabuf
b47f4000-b47f5000 r--p 00000000 00:00 0          [anon:linker_alloc]
b47f5000-b47f6000 r--p 00000000 b3:1c 106128     /data/dalvik-cache/arm/
   data@app@com.google.android.gms-2@abcdefg.apk@classes.dex
b47f6000-b47f7000 r--p 00000000 b3:1c 105894     /data/dalvik-cache/arm/
   system@framework@com.android.media.remotedisplay.jar@classes.dex
```

134

```
b47f7000-b47ff000 r--s 0037a000 b3:1c 374738      /data/app/com.namdaehyeon.
  qwerasdf-1/abcdefg.apk
b47ff000-b4800000 r--p 00000000 00:00 0
b4800000-b5000000 rw-p 00000000 00:00 0           [anon:libc_malloc]
b5000000-b5001000 r--p 00000000 00:00 0
b5001000-b5002000 r--p 00000000 00:00 0           [anon:linker_alloc]
b5002000-b5003000 r-xp 00000000 b3:19 681         /system/lib/
  libstagefright_enc_common.so
b5003000-b5004000 r--p 00000000 b3:19 681         /system/lib/
  libstagefright_enc_common.so
b5004000-b5005000 rw-p 00001000 b3:19 681         /system/lib/
  libstagefright_enc_common.so
b5005000-b5006000 r--p 00000000 00:00 0           [anon:linker_alloc]
b5044000-b5045000 r--p 00000000 b3:1c 105885      /data/dalvik-cache/arm/
  system@framework@com.android.location.provider.jar@classes.dex
b5045000-b5080000 r--s 00de6000 b3:19 307         /system/framework/
  framework-res.apk
b5080000-b5081000 r-xp 00000000 b3:19 422         /system/lib/hw/memtrack.
  msm8974.so
b5081000-b5082000 r--p 00000000 b3:19 422         /system/lib/hw/memtrack.
  msm8974.so
b5082000-b5083000 rw-p 00001000 b3:19 422         /system/lib/hw/memtrack.
  msm8974.so
b5083000-b5088000 r--p 00000000 b3:1c 106118      /data/dalvik-cache/arm/
  data@app@com.namdaehyeon.qwerasdf-1@abcdefg.apk@classes.dex
b5088000-b508a000 r-xp 00005000 b3:1c 106118      /data/dalvik-cache/arm/
  data@app@com.namdaehyeon.qwerasdf-1@abcdefg.apk@classes.dex
b508a000-b508b000 rw-p 00007000 b3:1c 106118      /data/dalvik-cache/arm/
  data@app@com.namdaehyeon.qwerasdf-1@abcdefg.apk@classes.dex
b508e000-b508f000 rw-p 00000000 00:04 9776        /dev/ashmem/dalvik-mark
  sweep sweep array free buffer (deleted)
b508f000-b5090000 rw-p 00000000 00:04 9775        /dev/ashmem/dalvik-mark
  sweep sweep array free buffer (deleted)
b5090000-b5190000 rw-p 00000000 00:04 9760        /dev/ashmem/dalvik-
  allocspace zygote / non moving space live-bitmap 0 (deleted)
```

```
b5190000-b5191000 r--p 00000000 b3:1c 105876        /data/dalvik-cache/arm/
  system@framework@boot.oat
b6efa000-b6efb000 r--p 00000000 00:00 0             [anon:linker_alloc]
b6efb000-b6efd000 rw-p 00000000 00:00 0
b6efd000-b6f0a000 r-xp 00000000 b3:19 1154          /system/bin/linker
b6f0a000-b6f0b000 r--p 00000000 00:00 0
b6f0b000-b6f0c000 r--p 0000d000 b3:19 1154          /system/bin/linker
b6f0c000-b6f0d000 rw-p 0000e000 b3:19 1154          /system/bin/linker
b6f0d000-b6f0e000 rw-p 00000000 00:00 0
be290000-be290000 ---p 00000000 00:00 0
be290000-bea8f000 rw-p 00000000 00:00 0             [stack]
ffff0000-ffff1000 r-xp 00000000 00:00 0        [vectors]
```

메모리 맵에서 살펴보면 실행시켰던 애플리케이션에서 아래 〈1〉과 같이 특정 파일을 만들고 삭제했거나, 특정 영역에 애플리케이션을 만드는 과정이 〈2〉 있었음을 확인할 수 있다.

〈1〉

```
aeafc000-aeafd000 r--p 00000000 b3:1c 374752        /data/data/com.
namdaehyeon.qwerasdf/files/abcdefg.dex (deleted)
```

〈2〉

```
b47f7000-b47ff000 r--s 0037a000 b3:1c 374738        /data/app/com.
namdaehyeon.qwerasdf-1/abcdefg.apk
```

이렇게 생성됐다가 짧은 DexClassLoader API에 의해 사용된 후 삭제되는 파일을 복사하는 방법은 스크립트를 이용하면 간단하다.

루팅된 디바이스에 접속한 후 /data/local/tmp 경로로 이동해 다음 스크립트를 작성한 후 실행 권한을 준다.

```
adb shell                  #기기에 접속
cd /data/local/tmp         #기기의 /data/local/tmp 폴더로 이동
cat > copySomething.sh     #스크립트 파일 생성
```

다음 스크립트를 입력한 후 Control + C를 입력한다. 여기서 필요한 실습파일02 파일은 https://github.com/AcornPublishing/android-reverse/에서 내려받을 수 있다.

임시로 생성된 파일을 /sdcard로 복사해주는 스크립트

```
#!/system/bin/sh
#namdaehyeon (nam_daehyeon@naver.com)

while [ 1 ]; do
  if [ -f "/data/data/com.namdaehyeon.qwerasdf/files/abcdefg.dex" ]; then
    cp /data/data/com.namdaehyeon.qwerasdf/files/abcdefg.dex /sdcard/
  fi

  if [ -f "/data/app/com.namdaehyeon.qwerasdf-1/abcdefg.apk" ]; then
    cp /data/app/com.namdaehyeon.qwerasdf-1/abcdefg.apk /sdcard/
  fi

  sleep 0.1
done
```

생성한 스크립트에 실행 권한을 준다.

```
chmod 777 copySometing.sh
```

이제 스크립트는 실행시키고, 랩퍼 B 애플리케이션을 실행시키면 /sdcard 영역에 임시로 생성된 파일들이 복사된 것을 확인할 수 있다.

이렇게 하면 난독화 솔루션에 의해서 보호돼 있던 파일들을, 예를 들어 abcdefg. dex 파일 또는 abcdefg.apk 파일을 획득할 수 있다. 이제 이렇게 얻은 dex 파일

을 JEB와 같은 툴을 사용해 분석하기 위해서는 Header 부분을 수정해야 한다. 추출한 파일은 다음과 같이 ELF 헤더 정보를 가지고 있다.

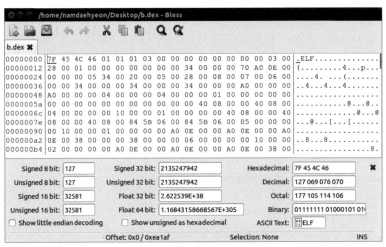

▲ 추출한 dex 파일 변경 전

이러한 정보는 무시해도 되며 검색 기능을 이용해서 6465780A30 3335 값인 dex.035를 검색하면 0x1878(6264) 주소 부분에서 dex.035가 검색될 것이다. 처음부터 0x1878(6264)전까지 삭제 후 저장하면 IDA 등에서 에러 없이 분석 가능하다.

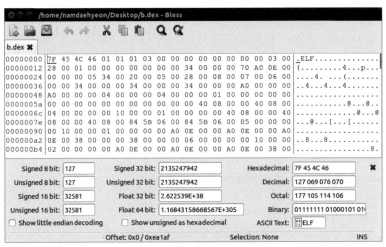

▲ 추출한 dex 파일 변경 후

IDA 등을 이용하면 별도의 수정 없이 분석이 가능하다.

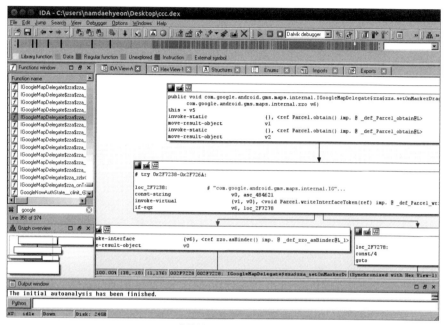

▲ 추출한 애플리케이션 분석

4.2.2 보안 솔루션이 적용된 애플리케이션의 우회

위와 비슷한 개념의 보안 솔루션이 적용된 다른 애플리케이션을 다시 한 번 복습해보자.

애플리케이션을 설치하고 모바일 기기에 ADB로 접속해 ROOT 권한을 얻자.

```
namdaehyeon-ui-MacBook-Pro:Desktop namdaehyeon$ adb shell
shell@hammerhead:/ $ su
root@hammerhead:/ # id
uid=0(root) gid=0(root) context=u:r:init:s0
root@hammerhead:/ #
```

보안이 적용된 애플리케이션을 실행시키고 ps | grep 명령으로 애플리케이션의 PID를 확인한다.

```
root@hammerhead:/ # ps | grep test
u0_a91    26320 209   1511792 48552 ffffffff b6e7ef48 S com.example.testproject
root@hammerhead:/ #
```

PID는 26320이다. 이제 메모리 맵을 살펴볼 것인데, 목록이 많기 때문에 grep을
이용해서 필요한 항목만 다음과 같이 출력했다. grep을 이용해서 deleted된 것만
을 보여주도록 했다.

```
root@hammerhead:/ # cat /proc/26320/maps | grep test | grep delete
af29d000-af321000 r--p 00000000 b3:1c 91121      /data/data/com.example.
testproject/se/gow.dex (deleted)
af321000-af387000 r-xp 00084000 b3:1c 91121      /data/data/com.example.
testproject/se/gow.dex (deleted)
af387000-af388000 rw-p 000ea000 b3:1c 91121      /data/data/com.example.
testproject/se/gow.dex (deleted)
b47fe000-b47ff000 r--p 00000000 b3:1c 91121      /data/data/com.example.
testproject/se/gow.dex (deleted)
root@hammerhead:/ #
```

이제 확인을 위해 실제 /data/data/com.example.testproject/se 경로를 살펴
보자. 경로를 실시간으로 확인하기 위해서 셸 스크립트를 이용했다. 먼저 /data/
data/com.example.testproject 폴더로 이동한다.

```
cd /data/data/com.example.testproject
```

경로로 이동했다면 다음의 스크립트를 입력해 실시간으로 폴더의 내용물을 확인
해보자.

```
while true; do ls -al /data/data/com.example.testproject/se/; sleep 0.1;
done
```

스크립트를 실행시키면 0.1초마다 /data/data/com.example.testproject/se/ 목
록을 갱신한다. 스크립트가 실행되고 있는 도중에 앱을 실행시켜 보자.

```
/data/data/com.example.testproject/se/: No such file or directory
/data/data/com.example.testproject/se/: No such file or directory
-rw------- u0_a91    u0_a91         0 2016-10-24 13:12 gow.dex
-rwxrwxrwx u0_a91    u0_a91    435396 2016-10-24 13:12 gow.jar
-rw------- u0_a91    u0_a91         0 2016-10-24 13:12 gow.dex
-rwxrwxrwx u0_a91    u0_a91    435396 2016-10-24 13:12 gow.jar
-rw------- u0_a91    u0_a91         0 2016-10-24 13:12 gow.dex
-rwxrwxrwx u0_a91    u0_a91    435396 2016-10-24 13:12 gow.jar
-rw------- u0_a91    u0_a91    958520 2016-10-24 13:12 gow.dex
-rwxrwxrwx u0_a91    u0_a91    435396 2016-10-24 13:12 gow.jar
/data/data/com.example.testproject/se/: No such file or directory
/data/data/com.example.testproject/se/: No such file or directory
/data/data/com.example.testproject/se/: No such file or directory
```

다음과 같이 일시적으로 생성되는 것들을 확인할 수 있다.

이제 파일을 추출해 내기 위해서 스크립트를 작성할 차례다.

```sh
#!/system/bin/sh
#namdaehyeon (nam_daehyeon@naver.com)
cnt=0
while [ 1 ]; do
    if [ -f "/data/data/com.example.testproject/se/gow.dex" ]; then
    echo "COPY dex-->>>>>"
    cp -r /data/data/com.example.testproject/se/gow.dex /sdcard/gow$cnt.dex
    fi

    if [ -f "/data/data/com.example.testproject/se/gow.jar" ]; then
    echo "COPY jar -->>>>>"
    cp -r /data/data/com.example.testproject/se/gow.jar /sdcard/gow$cnt.jar
    fi
    cnt=$(($cnt+1))
    sleep 0.1
done
```

PoC.sh라는 이름으로 위와 같이 스크립트를 작성하고 ADB를 이용해서 /data/ local/tmp 영역으로 복사한 후 권한을 777로 변경한다.

```
adb push PoC.sh /data/local/tmp
chmod 777 /data/local/tmp/PoC.sh
```

애플리케이션의 샌드박스에 접근하기 위해서는 ROOT 권한이 필요하므로 SU를 입력해 ROOT 권한을 획득한다.

이제 스크립트를 실행시키고, 애플리케이션을 다시 실행시키면 sdcard 영역에 관련 파일들이 생성된 것을 확인할 수 있다.

```
1|root@hammerhead:/sdcard # ls -al | grep gow
-rw-rw---- root       sdcard_r        0 2016-10-24 13:24 gow11.dex
-rw-rw---- root       sdcard_r   435396 2016-10-24 13:24 gow11.jar
-rw-rw---- root       sdcard_r        0 2016-10-24 13:24 gow12.dex
-rw-rw---- root       sdcard_r   435396 2016-10-24 13:24 gow12.jar
-rw-rw---- root       sdcard_r        0 2016-10-24 13:24 gow13.dex
-rw-rw---- root       sdcard_r   435396 2016-10-24 13:24 gow13.jar
-rw-rw---- root       sdcard_r   958896 2016-10-24 13:24 gow14.dex
-rw-rw---- root       sdcard_r   435396 2016-10-24 13:24 gow14.jar
root@hammerhead:/sdcard #
```

가장 나중에 생긴 gow14.dex, gow14.jar 파일을 PC로 옮긴다.

```
adb pull /sdcard/gow14.dex `pwd`
adb pull /sdcard/gow14.jar `pwd`
```

가져온 jar 파일은 JEB에서 바로 분석이 가능하나, dex 파일은 수정해야 한다. dex 파일의 magic 값인 dex.035의 Hex 값인 64 65 78 0A 30 33 35로 검색해 값을 찾고 찾은 dex 값 이전의 데이터는 모두 삭제한 후 저장한다.

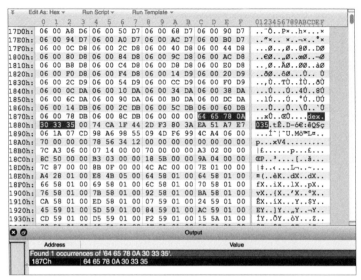

▲ dex magic 값 검색

다음과 같이 dex 파일의 magic인 64 65 78 0A 30 33 35를 파일의 시작점으로
변경하고 저장하면 된다.

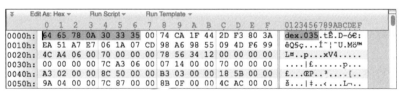

▲ dex magic

저장한 gow14.dex 파일을 JEB, 또는 IDA Pro를 이용해서 열면 분석이 가능하다.

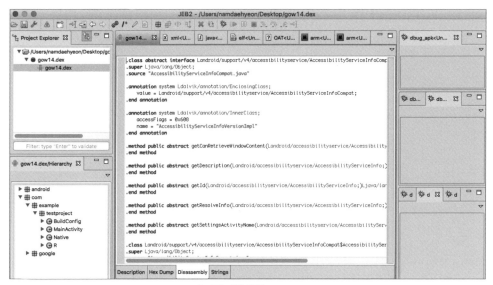

▲ 숨겨진 파일 분석

이렇게 숨겨진 애플리케이션들 역시 약간의 트릭을 이용하면 쉽게 분석할 수 있다.

4.3 안드로이드 애플리케이션 정적 분석

위의 과정을 통해서 애플리케이션을 추출해 냈으면 분석도구를 이용해서 애플리케이션 분석을 시작한다. 시작은 가벼운 해킹대회 문제부터 정적으로 분석해보자. https://github.com/AcornPublishing/android-reverse/의 실습파일01 파일을 이용해 정적 분석을 하겠다.

어디서부터 할 것인가?

안드로이드 애플리케이션 개발을 해보지 않았던 사람들이 드는 의문은 이것일 것이다. 어디에서부터 시작할 것인가? 분석을 위해 필요한 사전 지식부터 알아보자.

안드로이드 애플리케이션의 구성 요소는 크게 네 가지로 나눌 수 있다. 액티비티^{Activity}, 서비스^{Service}, 브로드케스트 리시버^{Broadcast Receiver}, 콘텐츠 제공자^{Contents Provider}로 안드로이드 시스템은 이 네 가지 구성 요소를 바탕으로 앱을 작동시킨다. 안드로이드 시스템은 애플리케이션의 AndroidManifest.xml 파일을 읽어 관련 정보를 얻는다.

액티비티^{Activity}는 화면에 보여주는 기능을 하고 이때 setContentsView() 메소드를 이용한다. 또 액티비티를 시작하는 메소드는 startActivity()다. 그리고 시작된 액티비티로부터 결과값을 받아서 처리하는 일을 하는 메소드가 필요하고 이것은 startActivityForResult() 다.

OnActivityResult() 메소드는 시작했던 액티비티가 응답을 보내오면 그 응답을 처리하는 역할을 한다.

startActivity()는 액티비티를 시작하는 메소드다. 비슷한 것으로 startService()가 있는데 이것은 서비스를 시작하는 메소드다. 또 broadCastIntent() 메소드는 브로드캐스팅을 할 때 사용된다.

액티비티가 생성될 때 onCreate()가 호출된다. onStart() 메소드가 호출되기 전에 onCreate() 메소드는 액티비티를 '초기화'해주는 기능을 하고, 화면에 보여질 객체의 레이아웃 구성이나, 객체와 사용자 간의 상호작용을 할 수 있도록 해주는 코드를 담고 있다.

또 onPause() 메소드는 액티비티가 사용자와 상호작용을 중단할 때 사용하고, onStop()은 액티비티가 화면에서 사라질 때 호출되며, onDestory() 메소드는 액티비티가 종료될 때 호출된다.

다음 그림은 구글 개발자 페이지에서 발췌한 액티비티 생명주기 흐름도다.

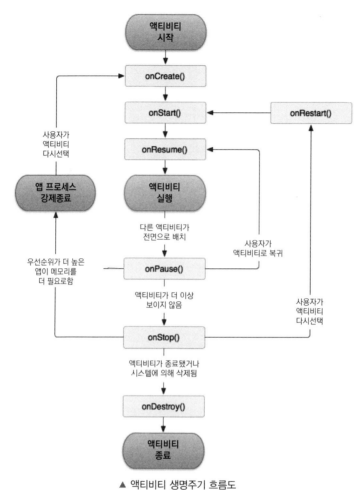

▲ 액티비티 생명주기 흐름도

출처: https://developer.android.com/guide/components/activities/activity-lifecycle.html

이런 안드로이드 애플리케이션의 기본 구성 요소와 액티비티 생명주기 정보를 바탕으로 간단한 애플리케이션 하나를 분석해보자.

4.3.1 정적 분석을 위한 예제 1

분석할 애플리케이션은 TeamSIK이라는 팀에서 2016년 4월 온라인에 공개한 간단한 문제풀이용 안드로이드 애플리케이션이다.

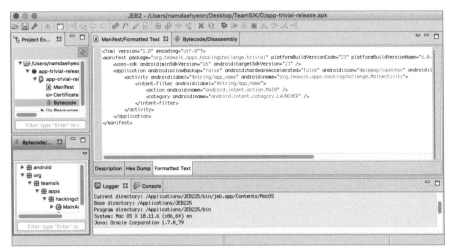

▲ 안드로이드 애플리케이션 Manifest

먼저 애플리케이션의 Manifest.xml 파일을 살펴보니 하나의 액티비티^{Activity}를 가지고 있는 애플리케이션이다. MainActivity를 더블클릭하고 Q 키를 눌러 디컴파일된 자바 코드를 살펴본다.

▲ MainActivity 클래스

MainActivity의 초기화 코드에는 정답을 입력하는 텍스트 입력상자를 초기화하는 코드가 있고, String 객체 i 값에 class 이름을 대입하는 코드가 있다.

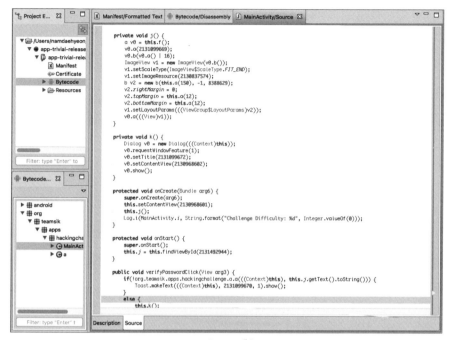

▲ onCreate 메소드

액티비티가 생성될 때 호출되는 onCreate() 메소드의 코드를 살펴보면 j() 메소드를 호출하고, Log를 찍는 코드가 있는 것을 확인할 수 있다.

▲ activity_main.xml

Resources 〉Layout 〉activity_main.xml 파일에 정의돼 있는 버튼이 클릭됐을 때 호출하는 메소드는 verifyPasswordClick()임을 확인할 수 있다.

j() 메소드는 화면을 구성하는 객체들을 정렬하는 코드들로 보인다. k() 메소드는 다이얼로그가 호출되는 것으로 보이며, 리소스 파일을 이용함을 알 수 있다.

결국 액티비티의 생성과 시작 코드는 화면을 구성하는 리소스 정열뿐 나머지 중요 코드는 verifyPasswordClick()임을 알 수 있다.

```java
public void verifyPasswordClick(View arg3) {
    if(!org.teamsik.apps.hackingchallenge.a.a(((Context)this), this.j.getText().toString())) {
        Toast.makeText(((Context)this), 2131099670, 1).show();
    }
    else {
        this.k();
    }
}
```

▲ verifyPasswordClick 메소드

verifyPasswordClick() 메소드의 핵심은 org.teamsik.appls. hackingchallenge.a 클래스의 a 메소드의 결과값이 false라면 Toast를 이용해서 특정 텍스트를 보여주도록 하고, 그렇지 않으면 다이얼로그를 보여주는 메소드 인 k() 메소드가 호출됨을 알 수 있다.

```java
package org.teamsik.apps.hackingchallenge;

import android.content.Context;
import android.util.Base64;
public abstract class a {
    public static boolean a(Context arg8, String arg9) {
        boolean v0_2;
        try {
            String v0_1 = new String(Base64.decode("c2lrMjAxNg==", 2), "UTF-8");
            Class.forName("android.util.Log").getMethod("d", String.class, String.class).invoke(null, "Top Secret", "Checking if input
            v0_2 = v0_1.getClass().getMethod("equals", Object.class).invoke(v0_1, arg9).booleanValue();
        }
        catch(Exception v0) {
            v0_2 = false;
        }

        return v0_2;
    }
}
```

▲ 키 값 출력코드

verifyPasswordClick() 메소드가 클릭되면 a 클래스가 EditText 값들을 받아와 그 값이 base64로 인코딩된 값을 디코딩한 변수 v0_1와 입력 값이 같으면 True 값을 리턴한다. 이렇게 모든 코드들을 간략하게 살펴봤다.

그러면 정답을 찾기 위해서 가장 먼저 할 일은 org.teamsik.appls. hackingchallenge.a 클래스의 a 메소드에 있는 base64로 인코딩된 값을 확인하는 것이다. 이클립스를 이용해 다음의 짧은 코드로 인코딩된 값을 확인한다.

```
import java.lang.reflect.InvocationTargetException;
import org.apache.commons.codec.binary.Base64;

public class Main {

    public static void main(String[] args)
    throws NoSuchMethodException, SecurityException,
    IllegalAccessException, IllegalArgumentException,
InvocationTargetException
{

        String aStr = new String(Base64.decodeBase64("c2lrMjAxNg=="));
        System.out.println("c2lrMjAxNg==    : "+aStr);
    }
}
```

결과는 다음과 같다. c2lrMjAxNg==   : sik2016 이 값을 입력해보면 정답임을 알 수 있다.

4.3.2 정적 분석을 위한 예제 2

여기부터는 https://github.com/AcornPublishing/android-reverse/의 실습파일03을 이용한다. 다음으로 분석할 애플리케이션은 TeamSIK이라는 팀에서 문제풀이용으로 공개한 두 번째 안드로이드 애플리케이션이다. 두 번째 애플리케이션분석도 앞 절의 예제와 99% 일치한다. Manifest.xml 파일을 확인하고 액티비티의라이프사이클 코드를 분석하는 것부터 시작한다. 두 번째 애플리케이션도 실제로다른 부분은 버튼을 클릭했을 때 비교하는 함수다.

```java
import android.content.Context;
import android.util.Base64;

public abstract class a {
    public static boolean a(Context arg6, String arg7) {
        boolean v1 = false;
        byte[] v2 = a.a(arg7);
        byte[] v3 = Base64.decode("BFF1NwF1YRTl", 2);
        if(v2.length == v3.length) {
            int v0 = 0;
            while(true) {
                if(v0 >= v2.length) {
                    break;
                }
                else if(v2[v0] == v3[v0]) {
                    ++v0;
                    continue;
                }

                return v1;
            }

            v1 = true;
        }

        return v1;
    }

    private static byte[] a(String arg4) {
        byte[] v1 = arg4.getBytes();
        int v0;
        for(v0 = 0; v0 < v1.length; ++v0) {
            v1[v0] = ((byte)(v1[v0] << 4 & 255 | v1[v0] >> 4));
            v1[v0] = ((byte)(v1[v0] ^ 66));
        }

        return v1;
    }
}
```

▲ 키 값 출력코드

byte[] 변수 v2, v3의 값 중 v2는 사용자로부터 입력받은 값으로 하단의 a(String arg4) 메소드를 호출한 결과를 저장하고, v3의 값은 BFF1NwF1YRTl 값을 Base64로 디코딩한 결과를 저장하고 있고, 후에 v2와 v3 값을 서로 비교해서 같으면 True 값을 돌려준다.

이제 위 두 번째 문제를 쉽게 해결할 수 있다. 디컴파일된 코드를 이클립스로 가져와서 코딩해서 정답을 찾으면 된다. 자바로 만들어진 안드로이드 앱 대부분이 이러한 방법으로 문제를 해결할 수 있다.

```
public static void main(String[] args)
    throws NoSuchMethodException,
    SecurityException,
    IllegalAccessException,
    IllegalArgumentException,
    InvocationTargetException {

    Object aValue = Base64.decodeBase64("BFF1NwF1YRTl");
    System.out.println(aValue.getClass().getSimpleName());
}
```

먼저 Base64로 인코딩된 BFF1NwF1YRTl을 변환한 객체의 타입을 확인하기 위해 다음과 같이 2줄을 코딩했다. 리턴 타입이 byte[]로 보아 전체가 평문으로 출력되지는 않을 것이다. 평문은 아니지만 어떤 데이터가 출력되는지 확인하기 위해 byte[] 타입의 데이터를 hex 코드로 변환해주는 코드를 적용하고 출력된 결과값을 확인했다.

```
public static String byteArrayToHex(byte[] ba) {
        if (ba == null || ba.length == 0) {return null;}
        StringBuffer sb = new StringBuffer(ba.length * 2);
        String hexNumber;
        for (int x = 0; x < ba.length; x++) {
            hexNumber = "0" + Integer.toHexString(0xff & ba[x]);
            sb.append(hexNumber.substring(hexNumber.length() - 2));
        }
        return sb.toString();
}

String aKey =  new String(byteArrayToHex(Base64.decodeBase64
("BFF1NwF1YRTl")));
System.out.println(aKey)
출력결과 >> 0451753701756114e5
```

이제 사용자가 입력할 수 있는 키 값을 애플리케이션에서 확인한 아래의 메소드에 넣고 출력되는 결과를 Hex 코드로 변환해서 위의 출력결과와 비교하면 키 값을 얻을 수 있다.

```java
private static byte[] a(String arg4) {
        byte[] v1 = arg4.getBytes();
        int v0;
        for(v0 = 0; v0 < v1.length; ++v0) {
            v1[v0] = ((byte)(v1[v0] << 4 & 255 | v1[v0] >> 4));
            v1[v0] = ((byte)(v1[v0] ^ 66));
        }
        return v1;
}
```

Base64로 인코딩된 BFF1NwF1YRT1를 Hex 값으로 변환한 0451753701756114e5 값이 18자이므로 처음부터 2자씩 자르고, 키보드를 통해 입력할 수 있는 범위가 ASCII 테이블의 0부터 128까지이므로 0부터 128까지 값을 애플리케이션에서 추출한 코드에 넣고 결과를 출력해서 BFF1NwF1YRT1를 Hex 값으로 변환한 값에서 두 글자씩 비교해서 최종적으로 키 값을 얻는다.

```java
public class Main {
    public static String byteArrayToHex(byte[] ba) {
        if (ba == null || ba.length == 0) {return null;}
        StringBuffer sb = new StringBuffer(ba.length * 2);
        String hexNumber;
        for (int x = 0; x < ba.length; x++) {
            hexNumber = "0" + Integer.toHexString(0xff & ba[x]);
            sb.append(hexNumber.substring(hexNumber.length() - 2));
        }
        return sb.toString();
    }

    private static byte[] a(String arg4) {
        byte[] v1 = arg4.getBytes();
```

```
        int v0;
        for(v0 = 0; v0 < v1.length; ++v0) {
            v1[v0] = ((byte)(v1[v0] << 4 & 255 | v1[v0] >> 4));
            v1[v0] = ((byte)(v1[v0] ^ 66));
        }
        return v1;
    }

    public static void main(String[] args)
    throws NoSuchMethodException,
    SecurityException,
    IllegalAccessException,
    IllegalArgumentException,
    InvocationTargetException {

        Object aTest = Base64.decodeBase64("BFF1NwF1YRTl");
        System.out.println(aTest.getClass().getSimpleName());

        String aKey =  new String(byteArrayToHex(Base64.
decodeBase64("BFF1NwF1YRTl")));
        System.out.println(aKey)

        Integer aKeyLength = aKey.length();
        String result = "";

        for (int i = 0; i<aKeyLength; i+=2 ) {
            String aValue = aKey.substring(i, i+2);
            for (int x=0; x<128; x++) {
                String bValue = byteArrayToHex(a(String.format("%c", x)));
                if (bValue.equals(aValue)) {
                    result += String.format("%c", x);
                }
            }
        }
        System.out.println(result);
    }
}
```

위 코드를 실행시켜 최종적으로 **d1sW4s2ez**라는 키 값을 얻었다. 이 값을 애플리케이션의 키 입력 필드에 넣어보자. https://github.com/AcornPublishing/android-reverse/의 실습파일03을 이용하면 된다.

정답이다. **d1sW4s2ez** 키 값을 입력하자 트로피 그림의 대화상자가 나타났다. 간단한 문제풀이 애플리케이션을 통해서 안드로이드 애플리케이션을 분석할 때 어디부터 해야 할지 알아봤다.

사실 어디에서부터 분석해야 할 것인가는 상황에 따라 다르다. 애플리케이션에서 루팅 환경을 체크하는 루틴을 무력화시키고 싶다면 문자열에서 루팅을 체크할 때 사용하는 특정 문자열을 확인해서 해당 부분의 코드를 먼저 분석하는 경우도 있고, 문자열이 난독화돼서 난독화 루틴부터 풀어나가는 경우도 많다.

하지만 자바로 개발되는 안드로이드 애플리케이션은 코드를 쉽게 추출해 낼 수 있고, 이렇게 추출해 낸 코드를 기반으로 우리가 원하는 결과를 쉽게 얻을 수 있다.

4.4 난독화된 애플리케이션 분석

자바로 개발된 안드로이드 애플리케이션의 경우 쉽게 디컴파일되고, 리패키징되기 때문에 많은 회사가 자신들의 애플리케이션이 쉽게 분석되고, 리패키징돼 악성코드에 악용되지 않도록 하기 위해서 자바코드를 읽고, 분석하기 힘들게 하기 위해 코드 난독화를 적용한다.

자바에서 주로 사용하고 있는 난독화 기술은 리네이밍^{renaming}, 흐름 제어^{Control Flow}, 문자열 암호화^{String Decryption}, API 은닉, 클래스 암호화 등이 있다.

리네이밍은 필드^{Field}, 메소드^{Method}, 클래스^{Class}의 이름은 의미 없는 혹인 반복적인 이름을 사용해 분석하기 어렵게 하는 방법이고, 흐름 제어^{Control Flow}는 클래스 속의 메소드 등의 영역을 바꾸거나, 쓰레기 코드를 삽입해 코드 분석을 어렵게 하는 방법이다. 문자열 암호화는 애플리케이션에서 사용하는 문자열을 한번에 읽을 수 없도록 암호화하고, 실제 애플리케이션 구동시에는 복호화 메소드를 이용해 정상 출력하는 방법이다.

안드로이드 애플리케이션을 개발할 때 기본 제공하는 프로가드^{Pro Guard}는 리네이밍만을 지원하는데, 메소드 이름, 클래스 이름, 필드 이름 등을 a, aa와 같은 문자로 치환한다.

Proguard가 무료버전의 난독화 도구라면 Dexguard는 유료버전으로 리네이밍, 흐름 제어, 문자열 암호화, API 은닉, 클래스 암호화 등을 모두 지원한다. 그 밖에 금융권 등에서 많이 사용하는 난독화 도구로 Axan이 있다. Axan은 상용 도구로, 모의해킹을 할 때 가장 많이 사용된다. 레벨 1부터 레벨 5까지 난독화 레벨을 설정할 수 있었다.

4.4.1 Proguard를 이용한 난독화 분석

Proguard는 자바코드에서 사용하지 않는 클래스, 필드, 메서드들을 찾아 삭제해 코드 전체 크기를 줄여주고 클래스, 필드, 메서드 등의 이름을 난독화해주는 오픈 소스 프로그램으로써 에릭 라포춘Eric Lafortune에 의해 개발됐다. 안드로이드뿐만 아니라 자바 기반의 모든 플랫폼에 적용시킬 수 있고, 안드로이드 SDK에 포함된 것은 2010년 안드로이드 2.3, 안드로이드 SDK r08, ADT 8.01부터다.

먼저 Proguard가 적용된 애플리케이션의 코드를 살펴보면 다음과 같다.

```
package a.a.b.a.a;

final class b {
    private final a a;
    private final int[] b;

    b(a arg5, int[] arg6) {
        int v0 = 1;
        super();
        if(arg6 != null && arg6.length != 0) {
            this.a = arg5;
            int v1 = arg6.length;
            if(v1 > 1) {
                if(arg6[0] != 0) {
                    goto label_32;
                }

                while(v0 < v1) {
                    if(arg6[v0] != 0) {
                        break;
                    }

                    ++v0;
                }

                if(v0 == v1) {
                    this.b = arg5.a().b;
                    return;
                }

                this.b = new int[v1 - v0];
                System.arraycopy(arg6, v0, this.b, 0, this.b.length);
            }
            else {
            label_32:
                this.b = arg6;
            }
```

▲ 난독화 예

158

패키지 이름부터, 클래스^{Class}, 필드^{Field}, 메소드^{Method}의 이름이 a, b 등으로 변경돼 있음을 확인할 수 있다.

보통 난독화 이전에는 클래스 이름을 통해서 클래스가 하는 일을 어느 정도 예측할 수 있는데, 난독화되면 어떤 기능을 하는 클래스, 또는 메소드인지 추측할 수 없고, 전체적으로 분석해 나가면서 해당 클래스, 메소드의 기능을 알아내야 한다. 난독화된 애플리케이션을 분석하기 위해서는 반드시 상용 도구가 있어야 한다. 왜냐하면 상용 애플리케이션, 예를 들어 JEB와 같은 도구는 리네이밍^{Renaming} 기능을 지원하기 때문에 위의 그림처럼 a, b와 같은 이름으로 정의돼 있다 하더라도 분석자가 새로운 이름을 부여하면서 분석을 진행할 수 있어서 빠른 시간 안에 분석을 끝마칠 수 있다. JD-GUI, JADX와 같은 도구도 검색 기능이 있지만 인간의 기억력에는 한계가 있기 때문에 원활한 분석을 할 수가 없다.

난독화된 애플리케이션 분석에 있어서 IDA Pro처럼 안드로이드 애플리케이션 분석에 필수 도구가 된 데는 디컴파일의 수준과 별개로 리네이밍과 상호참조(XREF) 기능 때문일 것이다.

난독화된 애플리케이션을 한 번에 난독화 이전의 애플리케이션으로 되돌리는 방법은 어디에도 없다. JEB2부터는 특정 플러그인을 통해 난독화돼 공개된 소스코드의 해시 값을 비교해서 난독화 이전의 파일로 변환해주는 플러그인이 존재하나 대부분 개발 소스코드를 공개하지 않는 난독화된 소스코드를 난독화 이전의 코드로 되돌릴 수 있는 방법은 없다.

애플리케이션 분석은 위에서 설명한 대로 Manifest.xml에 정의돼 있는 액티비티에서부터 시작해도 되고 애플리케이션이 사용한 문자열을 확인해 특정 문자열부터 검색해 역으로 찾아가는 방법 등 다양한 방법이 있다. 어느 방법이건 좋다. 정답은 존재하지 않기 때문이다.

예를 들어, 루팅을 우회하고 싶고, 어떤 방식으로 루팅을 체크하고 있는지 확인하고 싶다라는 생각을 했다면 문자열을 검색하는 것이 빠르다.

JEB의 문자열을 검색하는 곳에서 루팅돼 있는 기기에서 검색할 수 있는 바이너이 이름을 입력해 애플리케이션에서 해당 문자열이 검색되면 검색되는 그곳으로 이동해서 분석을 시작하면 된다.

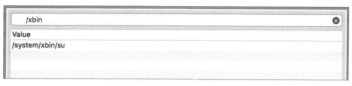

▲ 특정 문자열 검색

```
public static String b() {
    int v1 = 0;
    String v0 = "N";
    File[] v2 = new File[]{new File("/system/bin/su"), new File("/system/xbin/su"), new File("/system/app/SuperUser.apk"),
    int v3 = v2.length;
    while(v1 < v3) {
        File v4 = v2[v1];
        if((v4.exists()) && (v4.isFile())) {
            return "Y";
        }

        ++v1;
    }

    return v0;
}
```

▲ 검색된 문자를 통한 해당 코드 확인

정형화된 방법은 없다. 코드 분석 능력이 뛰어나다면 해당 코드를 읽고, 메소드 이름을 변경하고, 클래스 이름을 변경하면 된다. 나는 이름을 변경할 때 모호하게 변경하지 않는다. 예를 들어 다음 코드에서 a, b, c, 메소드가 존재한다. 각각의 메소드들의 변수 이름은 같고, 설정값은 다른 것이 존재한다. 이런 다른 점을 이용해서 변수 이름을 설정한다.

```
package com.zausan.zscreenrecorderpro;

import com.android.vending.licensing.p_Licensing;

final class a implements p_Licensing {
    a(zscreenrecorderpro arg2) {
        this(arg2, 0);
    }

    private a(zscreenrecorderpro arg1, byte arg2) {
        this.a = arg1;
        super();
    }

    public final void a() {
        this.a.n = true;
        this.a.m = true;
    }

    public final void b() {
        this.a.n = true;
        this.a.m = false;
    }

    public final void c() {
        this.a.n = true;
        this.a.m = false;
    }
}
```

▲ 변경 전 메소드 이름

```
final class a implements p_Licensing {
    a(zscreenrecorderpro arg2) {
        this(arg2, 0);
    }

    private a(zscreenrecorderpro arg1, byte arg2) {
        this.a = arg1;
        super();
    }

    public final void a_n_true_m_true() {
        this.a.n = true;
        this.a.m = true;
    }

    public final void b_n_true_m_false() {
        this.a.n = true;
        this.a.m = false;
    }

    public final void c_n_true_m_false() {
        this.a.n = true;
        this.a.m = false;
    }
}
```

▲ 변경 후 메소드 이름

위 그림처럼 각각의 변수 값 등의 차이를 이용해서 메소드 이름을 변경하고 함수가 어디에서 사용되는지 추가 분석해 최종 이름을 변경하면 된다.

Index	Address	Label	Comment
0	Lcom/zausan/zscreenrecorderpro/zscreenrecorderpro;->a(Lcom/zausan/zscreenrecorderpro/zscreenrecorderpro;)V+0h		
1	Lcom/zausan/zscreenrecorderpro/a;-><init>(Lcom/zausan/zscreenrecorderpro/zscreenrecorderpro;B)V+0h		
2	Lcom/zausan/zscreenrecorderpro/a;->a_n_true_m_true()V+2h		
3	Lcom/zausan/zscreenrecorderpro/a;->a_n_true_m_true()V+Ah		
4	Lcom/zausan/zscreenrecorderpro/a;->b_n_true_m_false()V+0h		
5	Lcom/zausan/zscreenrecorderpro/a;->b_n_true_m_false()V+Ah		
6	Lcom/zausan/zscreenrecorderpro/a;->c_n_true_m_false()V+0h		
7	Lcom/zausan/zscreenrecorderpro/a;->c_n_true_m_false()V+Ah		
8	Lcom/zausan/zscreenrecorderpro/zscreenrecorderpro;->a(Lcom/zausan/zscreenrecorderpro/zscreenrecorderpro;)V+4h		
9	Lcom/zausan/zscreenrecorderpro/a;-><init>(Lcom/zausan/zscreenrecorderpro/zscreenrecorderpro;)V+2h		

▲ 참조하는 함수 확인

난독화된 앱 분석에는 정해진 패턴이 존재하지 않는다. 코드를 읽고 분석해 난독화된 메소드 이름, 필드 이름, 파라미터 이름 등을 적절하게 변경해 분석을 진행하면 어느덧 분석이 완료됨을 느낄 수 있을 것이다.

4.4.2 Axan을 이용한 난독화 분석

악산^{Axan} 난독화 솔루션이 적용된 앱 분석 역시 위의 Proguard에서 사용한 방법과 차이가 없다. 단지 차이점은 명확하게 나뉘는데, Proguard를 사용해 난독화한 애플리케이션들은 문자열이 암호화돼 있지 않지만, Axan은 문자열이 암호화 돼 있기 때문에 문자열 암호화부터 진행해야 하는 점이 다르다. 하지만 큰 차이는 없다. 천천히 차근차근 분석을 진행해 나가면 된다.

```
package KKKKKK;

public class ddaddd implements xxmmmm {
    public ddaddd() {
        super();
    }

    public String b0426ЦЦЦ042604260426(Object arg6) {
        String v0_1;
        if((arg6 instanceof ThreadGroup)) {
            StringBuffer v1 = new StringBuffer();
            v1.append(uqquuq.bbb042Abbbb("ÑÚÍÚ\u0095×ÚÒÒ\u0095ŤÒÉÞÚßäÉÒÎÊäÒÚÚÞ\u0086", '»'));
            v1.append(((ThreadGroup)arg6).getName());
            v1.append(uqquuq.bbb042Abbbb("øõ¹µ¬¤¦!¾é", 'Õ'));
            v1.append(((ThreadGroup)arg6).getMaxPriority());
            v1.append(uqquuq.bbb042Abbbb("˘˜", '='));
            Thread[] v2 = new Thread[((ThreadGroup)arg6).activeCount()];
            ((ThreadGroup)arg6).enumerate(v2);
            int v0;
            for(v0 = 0; v0 < v2.length; ++v0) {
                v1.append(ükkkco.bøÞ044Ø44ÞØ444);
                v1.append(uqquuq.bbb042Abbbb("»»»Íóépüý!À", '\u009B'));
                v1.append(v2[v0].getName());
                v1.append(uqquuq.bbb042Abbbb("\u008F", '£'));
                v1.append(v2[v0].getPriority());
                v1.append(uqquuq.bbb042Abbbb("c", 'Ò'));
                v1.append(v2[v0].isDaemon());
                v1.append(uqquuq.bbb042Abbbb("Ñ", '\u008C'));
            }

            v0_1 = v1.toString();
        }
        else {
            v0_1 = arg6.toString();
        }

        return v0_1;
```

▲ Axan이 적용된 앱 코드

먼저 암호화된 문자열부터 복호화해야 한다. 복호화는 간단하다. "uqquuq.bъъ042Aъъъъ"메소드를 확인하고, 자바프로그램을 만들어 테스트해보면 된다.

위의 코드에서 복호화를 담당하는 메소드 이름을 decryptStr00001로 변경했다.

162

```
public String b0426ЩЩЩ042604260426(Object arg6) {
    String v0_1;
    if((arg6 instanceof ThreadGroup)) {
        StringBuffer v1 = new StringBuffer();
        v1.append(uqquuq.decryptStr00001("ÑÚÍÚ\u0095×ÚÔÚ\u0095ɩÓÉÞÚ8ɑÉÔÎ̂É̂ðÔÚÔP\u0086", '»'));
        v1.append(((ThreadGroup)arg6).getName());
        v1.append(uqquuq.decryptStr00001("ø̂ô¹µ¬¤I¼é", 'Ô'));
        v1.append(((ThreadGroup)arg6).getMaxPriority());
        v1.append(uqquuq.decryptStr00001("`¨", '='));
        Thread[] v2 = new Thread[((ThreadGroup)arg6).activeCount()];
        ((ThreadGroup)arg6).enumerate(v2);
        int v0;
        for(v0 = 0; v0 < v2.length; ++v0) {
            v1.append(ckkkcc.b44044404444404444);
            v1.append(uqquuq.decryptStr00001("»»»Ïôéþúý!À", '\u009B'));
            v1.append(v2[v0].getName());
            v1.append(uqquuq.decryptStr00001("\u008F", '£'));
            v1.append(v2[v0].getPriority());
            v1.append(uqquuq.decryptStr00001("c", '0'));
            v1.append(v2[v0].isDaemon());
            v1.append(uqquuq.decryptStr00001("Ñ", '\u008C'));
        }

        v0_1 = v1.toString();
    }
    else {
        v0_1 = arg6.toString();
    }
}
```

▲ 메소드 이름 변경

uqquuq 클래스의 decryptStr00001 메소드를 보면 다음과 같다. 아래의 코드에서
불필요한 코드들을 걸어 내면 난독화된 문자열 값을 확인할 수 있다.

```
public static String decryptStr00001(String arg6, char arg7) {
    char[] v2 = arg6.toCharArray();
    char[] v3 = new char[v2.length];
    int v0;
    for(v0 = 0; true; ++v0) {
    label_6:
        switch(1) {
            case 0: {
                goto label_6;
            }
            case 1: {
                goto label_9;
            }
        }

        while(true) {
            switch(0) {
```

```
                    case 0: {
                        goto label_9;
                    }
                    case 1: {
                        goto label_6;
                    }
                }
            }

    label_9:
        if(v0 >= v2.length) {
            return new String(v3);
        }

    label_11:
        switch(0) {
            case 0: {
                goto label_14;
            }
            case 1: {
                goto label_11;
            }
        }

        while(true) {
            switch(1) {
                case 0: {
                    goto label_11;
                }
                case 1: {
                    goto label_14;
                }
            }
        }

    label_14:
        v3[v0] = ((char)(v2[v0] ^ arg7));
    }
}
```

위 코드에서 불필요한 switch, while 문을 걷어내서 최종 완성한 코드는 다음과 같다.

```java
@SuppressWarnings("unused")
public static String decryptStr00001(String arg6, char arg7) {
    char[] v2 = arg6.toCharArray();
    char[] v3 = new char[v2.length];
    int v0;

    for(v0 = 0; true; ++v0) {
        if(v0 >= v2.length) {
            return new String(v3);
        }
        v3[v0] = ((char)(v2[v0] ^ arg7));
    }
}


public static void main(String[] args) {
    System.out.println(decryptStr00001("ÑÚÍÚ\u0095×ÚÕÜ\
u0095ïÓÉÞÚßüÉÔÎËàÔÚÖÞ\u0086", '»'));
    System.out.println(decryptStr00001("øô¹µ¬¤¦½é", 'Ô'));
}
```

위 코드를 실행시키면 암호화된 문자열 값을 얻을 수 있다.

```
47⊖    public static void main(String[] args) {
48          System.out.println(decryptStr00001("ÑÚÍÚ\u0095×ÚÕÜ\u0095ïÓÉÞÚßüÉÔÎËàÔÚÖÞ\u0086", '»'));
49          System.out.println(decryptStr00001("øô¹µ¬¤¦½é", 'Ô'));
50          System.out.println(decryptStr00001("`", '='));
51          System.out.println(decryptStr00001("»»»Ïóépúÿ¦À", '\u009B'));
52          System.out.println(decryptStr00001("\u008F", '£'));
53          System.out.println(decryptStr00001("c", 'O'));
54          System.out.println(decryptStr00001("Ñ", '\u008C'));
```

```
🔲 Problems   @ Javadoc   🔲 Declaration   🔍 Search   🖥 Console 🔲                                 🔳 »
<terminated> Main (14) [Java Application] /Library/Java/JavaVirtualMachines/jdk1.7.0_79.jdk/Contents/Home/bin/java (2016. 10. 25. 오후
java.lang.ThreadGroup[name=
, maxpri=
]
    Thread=[
,
,
]
```

이렇게 얻은 값들을 앱의 코드에 주석 처리해 암호화된 문자열이 무엇인지 기록해 놓고 분석을 진행하면 된다.

```java
public String b0426ЦЦЦ042604260426(Object arg6) {
    String v0_1;
    if((arg6 instanceof ThreadGroup)) {
        StringBuffer v1 = new StringBuffer();    // java.lang.ThreadGroup[name=
        v1.append(uqquuq.decryptStr00001("ÑÚÍÙ\u0095×ÚÔÙ\u0095TÓÉÞÚßαÉÔÎÉðÔÚÔÞ\u0086", '»'));
        v1.append(((ThreadGroup)arg6).getName());
        v1.append(uqquuq.decryptStr00001("øô¹µ-¤I¾é", 'Ô'));
        v1.append(((ThreadGroup)arg6).getMaxPriority());
        v1.append(uqquuq.decryptStr00001("`", '='));
        Thread[] v2 = new Thread[((ThreadGroup)arg6).activeCount()];
        ((ThreadGroup)arg6).enumerate(v2);
        int v0;
        for(v0 = 0; v0 < v2.length; ++v0) {
            v1.append(ckkkcc.bΦΦ04440444Φ0444);
            v1.append(uqquuq.decryptStr00001("»»Îóéþúý¦À", '\u0098'));
            v1.append(v2[v0].getName());
            v1.append(uqquuq.decryptStr00001("\u008F", '£'));
            v1.append(v2[v0].getPriority());
            v1.append(uqquuq.decryptStr00001("c", 'O'));
            v1.append(v2[v0].isDaemon());
            v1.append(uqquuq.decryptStr00001("Ñ", '\u008C'));
        }
    }
```

이런 작업을 쉽게 할 수 있도록 JEB 플러그인을 제작할 수도 있다.

난독화된 애플리케이션 분석은 이런 방법으로 차근차근 하나씩 퍼즐을 맞추듯 추적해 나가며 분석해야 한다.

5장

안드로이드 앱 동적 분석

안드로이드 동적 분석이란 실제로 앱을 실행시켜 가면서 분석하는 방법을 말한다.

이번 장에서는 실제 자신이 필요한 도구를 제작해 동적 분석할 때 필요한 정보를 얻거나, 루팅 우회에 사용하는 API 후킹 방법에 대해서 알아보자.

5.1 안드로이드 LKM을 활용한 동적 분석

먼저 안드로이드 LKM^{Loadable Kernel Module}을 활용한 동적 분석 방법을 알아보자. LKM이란 커널에 적재 가능한 모듈이다. 안드로이드 4.1.2 버전까지 지원가능 했으며 그 후 버전부터는 지원하지 않는다.

커널 모듈을 이용해서 Syscall을 후킹^{Hooking}해서 어떤 작업을 하고 있는지 실시간으로 확인할 수 있다. 내가 활용한 기기는 갤럭시 S3 안드로이드 버전 4.1.2, 커널 버전 3.0.31-866518이다.

커널 모듈 개발을 위한 환경은 32비트 우분투 13.04 버전을 이용했다.

5.1.1 모바일 기기에 맞는 커널 다운로드

먼저 opensource.samsung.com에 접속해 SHV-E210S로 검색했다. 이는 내가 활용한 기기의 모델번호다. 모델번호를 이용해서 검색을 하면 13개의 결과가 나왔고, SHV-E210S_ICS_Opensource.zip을 선택해 다운로드했다.

Classification	Model	Version	Source Code
Mobile Phone	SHV-E210S	E210SKSUKOL2	SHV-E210S_KOR_KK_Opensource.zip
Mobile Phone	SHV-E210S	E210SKSUKNK3	SHV-E210S_KK_Opensource_Update2.zip
Mobile Phone	SHV-E210S	E210SKSUKNI3	SHV-E210S_KK_Opensource_Update1.zip
Mobile Phone	SHV-E210S	MK1	SHV-E210S_JB_Opensource_Update7.zip
Mobile Phone	SHV-E210S	MB7	SHV-E210S_JB_Opensource_Update6.zip
Mobile Phone	SHV-E210S	LL6	SHV-E210S_JB_Opensource_Update5.zip
Mobile Phone	SHV-E210S	LL5	SHV-E210S_JB_Opensource_Update4.zip
Mobile Phone	SHV-E210S	LK3	SHV-E210S_JB_Opensource_Update3.zip
Mobile Phone	SHV-E210S	LJB	SHV-E210S_JB_Opensource_Update2.zip
Mobile Phone	SHV-E210S	MH3	SHV-E210S_JB_Opensource_Update2.zip
Mobile Phone	SHV-E210S	MD2	SHV-E210S_JB_Opensource_Update1.zip
Mobile Phone	SHV-E210S	LH7	SHV-E210S_ICS_Opensource_Update1.zip
Mobile Phone	SHV-E210S	LFC	SHV-E210S_ICS_Opensource.zip

Search Results - "SHV-E210S" (13)

▲ opensource.samsung.com에서의 소스코드

다운로드 후 `mv SHV-E210S_ICS_Opensource.zip ~/` 명령어로 홈디렉터리로 옮기고 `unzip SHV-E210S_ICS_Opensource.zip` 명령으로 압축을 해제했다.

홈디렉터리에 `mkdir SHV-Kernel` 명령으로 커널 컴파일에 사용할 폴더를 생성했다. 다시 홈디렉터리로 돌아와서 홈디렉터리에 있는 SHV-E210S_Kernel.tar.gz 파일을 생성한 디렉터리로 옮겼다.

```
mv SHV-E210S_Kernel.tar.gz
```

mv SHV-E210S_Kernel.tar.gz 파일을 SHV-Kernel 디렉터리로 옮긴 후 아래의
명령으로 압축을 해제한다.

```
tar xvf SHV-E210S_Kernel.tar.gz
```

5.1.2 툴체인 다운로드

위에서 다운로드한 안드로이드 커널 컴파일을 위해서는 툴체인^{Toolchain}을 다운로드
해야 한다. 툴체인 다운로드 주소는 아래와 같고 브라우저를 통해 입력하거나 터미
널에서 다운로드하면 된다.

　　　https://dl.dropbox.com/u/90418449/arm-eabi-4.4.3.zip

툴체인 다운로드 후 완료된 파일을 ~/ 홈디렉터리로 옮기고 압축을 해제한다.

```
unzip arm-eabi-4.4.3.zip
```

그리고 압축 해제한 경로를 확인해야 하는데 이는 후에 커널 컴파일을 하기 위해
서 필요하기 때문이다.

이제 압축을 해제했던 홈디렉터리의 SHV-Kernel 폴더로 이동한 후, 디렉터리에
있는 build_kernel.sh 파일을 수정해야 한다.

```
nano build_kernel.sh
```

```
GNU nano 2.2.6          File: build_kernel.sh                    Modified

#!/bin/bash

export ARCH=arm
export CROSS_COMPILE=/home/namdaehyeon/arm-eabi-4.4.3/bin/arm-eabi-
export USE_SEC_FIPS_MODE=true

make c1skt_00_defconfig
make
```

▲ 설정 변경

CROSS_COMPILE에 압축을 해제한 툴체인 경로를 설정해야 한다. 자신의 환경에 맞게 변경한 후 저장한다.

이제 커널 빌드를 시작한다.

```
./build_kernel.sh
```

커널 빌드를 시작하고 몇 분 후에 커널 빌드가 완료되면 다음 그림과 같이 될 것이다. 이중에서 LKM을 제작하기 위해서 modules.builtin, modules.order, Module.symvers 등이 필요하기 때문에 ls 명령을 통해서 이러한 파일들이 생성됐다면 LKM 제작을 위한 기본 환경 설정이 완료된 것이다.

```
namdaehyeon@ubuntu: ~/SHV-Kernel
  CC      arch/arm/boot/compressed/decompress.o
  SHIPPED arch/arm/boot/compressed/lib1funcs.S
  AS      arch/arm/boot/compressed/lib1funcs.o
  LD      arch/arm/boot/compressed/vmlinux
  OBJCOPY arch/arm/boot/zImage
  Kernel: arch/arm/boot/zImage is ready
  Building modules, stage 2.
  MODPOST 3 modules
  CC      drivers/net/wireless/bcmdhd/dhd.mod.o
  LD [M]  drivers/net/wireless/bcmdhd/dhd.ko
  CC      drivers/net/wireless/btlock/btlock.mod.o
  LD [M]  drivers/net/wireless/btlock/btlock.ko
  CC      drivers/scsi/scsi_wait_scan.mod.o
  LD [M]  drivers/scsi/scsi_wait_scan.ko
namdaehyeon@ubuntu:~/SHV-Kernel$ ls
arch           firmware  lib              README           usr
block          fs        MAINTAINERS      REPORTING-BUGS   virt
build_kernel.sh include   Makefile         samples          vmlinux
COPYING        init      mm               scripts          vmlinux.o
CREDITS        ipc       modules.builtin  security
crypto         Kbuild    modules.order    sound
Documentation  Kconfig   Module.symvers   System.map
drivers        kernel    net              tools
namdaehyeon@ubuntu:~/SHV-Kernel$
```

▲ 커널 컴파일 후 생성된 파일 확인

이제 테스트 커널 모듈을 제작해야 한다.

```
nano hello.c
```

위 명령어를 입력한 후 다음과 같이 입력하고 저장한다. 다른 텍스트 편집사용에 익숙하다면 다른 편집기를 사용해도 된다.

170

```
#include <linux/kernel.h>
#include <linux/module.h>
#include <linux/init.h>
#include <linux/syscalls.h>

int __init hello_init(void) {
    printk(KERN_INFO "hello_kernel_init\n");
    return 0;
}
void __exit hello_exit(void) {
    printk(KERN_INFO "hello_kernel_exit\n");
}

module_init(hello_init);
module_exit(hello_exit);
MODULE_AUTHOR("namdaehyeon");
MODULE_LICENSE("GPL");
```

빌드를 위해서 Makefile을 작성해야 하고 다음 명령어를 입력한다.

```
nano hello.c
```

```
obj-m := hello.o
KERNELDIR := /home/namdaehyeon/SHV-Kernel/
TOOLCPATH:= /home/namdaehyeon/arm-eabi-4.4.3/bin
PWD := $(shell pwd)

all:
    $(MAKE) ARCH=arm                    \
    EXTRA_CFLAGS=-Wno-error             \
    CROSS_COMPILE=$(TOOLCPATH)/arm-eabi- -C $(KERNELDIR)     \
    M=$(PWD) modules
clean:
    rm -rf *.mod.* *.o *.ko .*.ko.* .*.mod.o.* .*.o.* modules.order \
        Module.symvers .tmp_versions
```

컴파일했을 때의 객체 이름설정, 커널을 컴파일한 경로 설정, 컴파일을 위한 툴체인 경로 설정, 컴파일 아키텍처, 컴파일 옵션을 위와 같이 설정하고 저장한다.

이렇게 두 개의 파일 hello.c 파일과 Makefile을 생성했으면 터미널에 make라고 입력한다. 문제가 없다면 다음 그림과 같이 컴파일이 완료돼 hello.ko 파일이 생성됐을 것이다. 이제 확인해야 할 것은 LKM을 설치하게 될 모바일 기기의 커널 버전을 확인해야 한다. 다음 그림에서 컴파일한 hello.ko의 vermagic은 3.0.15로 돼있다. vermagic이 맞지 않으면 LKM을 설치할 수 없기 때문이다.

```
● ● ●   namdaehyeon@ubuntu: ~/SHV-Kernel/hello
mdaehyeon/SHV-Kernel/   \
        M=/home/namdaehyeon/SHV-Kernel/hello modules
make[1]: Entering directory `/home/namdaehyeon/SHV-Kernel'
  CC [M]  /home/namdaehyeon/SHV-Kernel/hello/hello.o
  Building modules, stage 2.
  MODPOST 1 modules
  CC      /home/namdaehyeon/SHV-Kernel/hello/hello.mod.o
  LD [M]  /home/namdaehyeon/SHV-Kernel/hello/hello.ko
make[1]: Leaving directory `/home/namdaehyeon/SHV-Kernel'
namdaehyeon@ubuntu:~/SHV-Kernel/hello$ modinfo hello.ko
filename:       /home/namdaehyeon/SHV-Kernel/hello/hello.ko
license:        GPL
author:         namdaehyeon
depends:
vermagic:       3.0.15 SMP preempt mod_unload ARMv7 p2v8
```

▲ 컴파일된 커널 모듈 확인

내가 테스트에 사용한 모바일 기기의 커널 버전은 다음 그림과 같이 3.0.31-866518 버전이다.

▲ 모바일기기 커널 버전 확인

LKM 컴파일 전에 모바일 기기의 커널 버전과 같게 버전을 수정해야 한다. 수정은 /home/namdaehyeon/SHV-Kernel/include/generated/utsrelease.h 파일을 수정해야 한다. UTS_RELEASE 값을 모바일 기기의 커널 버전으로 수정한다.

▲ 모바일 기기의 커널 버전과 맞게 수정

수정 후 다시 hello.c 파일을 make 명령어를 이용해서 컴파일한다.

```
namdaehyeon@ubuntu: ~/SHV-Kernel/hello
make[1]: Entering directory '/home/namdaehyeon/SHV-Kernel'
  CC [M]  /home/namdaehyeon/SHV-Kernel/hello/hello.o
  Building modules, stage 2.
  MODPOST 1 modules
  CC      /home/namdaehyeon/SHV-Kernel/hello/hello.mod.o
  LD [M]  /home/namdaehyeon/SHV-Kernel/hello/hello.ko
make[1]: Leaving directory '/home/namdaehyeon/SHV-Kernel'
namdaehyeon@ubuntu:~/SHV-Kernel/hello$
namdaehyeon@ubuntu:~/SHV-Kernel/hello$ modinfo hello.ko
filename:       /home/namdaehyeon/SHV-Kernel/hello/hello.ko
license:        GPL
author:         namdaehyeon
depends:
vermagic:       3.0.31-866518 SMP preempt mod_unload ARMv7 p2v8
namdaehyeon@ubuntu:~/SHV-Kernel/hello$
```

▲ 최종 커널 모듈 확인

컴파일 후 커널 모듈의 정보를 확인하는 명령어인 modinfo를 이용해 vermagic이 변경됐는지 확인한다.

컴파일된 hello.ko를 모바일 기기에 넣고 ROOT 권한을 얻어 설치하려고 한다. 설치하기 전에 lsmod 명령을 이용해 현재 어떤 커널 모듈이 설치돼 있는지 확인한다.

▲ 설치된 커널 모듈 확인

```
insmod /data/local/tmp/hello.ko
```

위 명령어로 테스트용도로 만든 커널 모듈을 설치한다. hello.ko 커널 모듈은 커널 모듈이 설치될 때 printk(KERN_INFO "hello_kernel_init\n")만 로그로 출력해주기 때문에 설치하고 dmesg 명령을 이용해서 hello_kernel_init 문자열이 출력됐는지 확인해보자. 다음 그림처럼 insmod로 hello.ko를 설치했을 때 초기화 부분에 코딩해준 hello_kernel_init 문자열이 출력됐다.

▲ 설치돼 출력된 커널 모듈

이렇게 안드로이드 4.1.2 환경에서 LKM^{Loadable Kernel Module}을 제작, 설치하는 방법을 알아봤으므로 본격적으로 LKM을 동적 분석에 어떻게 활용할 수 있는지 알아보자.

LKM을 이용하면 Syscall을 후킹할 수 있다고 설명했다. 대표적으로 많이 사용되는 access, open API를 후킹해 어떤 파일을 열고 어떤 파일에 액세스하는지 확인하는 LKM을 제작해보자. 이 방법을 이용하면 앱을 수정할 필요 없이, 특정 경로에 su 바이너리가 없는 것처럼 속여 루팅 환경이 아닌 것처럼 만들 수 있다.

hello.c 파일에 다음 내용을 입력하고 저장한다.

```c
// (c)2013 namdaehyeon(nam_daehyeon@naver.com)

#include <linux/init.h>
#include <linux/kernel.h>
#include <linux/module.h>
#include <linux/syscalls.h>
#include <linux/string.h>


unsigned long *sys_call_table;

//여기 부분에 문제가 있기 때문에 다음의 플래그를 추가해야 한다.
//EXTRA_CFLAGS=-Wno-error
int sct_swi(void) {
    const void *vSWI_LDR_ADDR = 0xFFFF0008;
    unsigned long *ptr;
    unsigned long *vt_vSWI;
    unsigned long vSWI_OFFSET;
    unsigned long vSWI_INSTRUCTION;
    unsigned long SCT_OFFSET;
    int isAddr;

    vSWI_INSTRUCTION = vSWI_OFFSET = SCT_OFFSET = 0;
    ptr = vt_vSWI = NULL;

    memcpy(&vSWI_INSTRUCTION, vSWI_LDR_ADDR, sizeof(vSWI_INSTRUCTION));
    vSWI_OFFSET = vSWI_INSTRUCTION & (unsigned long)0x00000FFF;
    vt_vSWI = (unsigned long *) ((unsigned long)vSWI_LDR_ADDR+vSWI_
OFFSET+8);
```

```
        ptr = *vt_vSWI;
        isAddr = 0;

        while (!isAddr) {
            isAddr = ( ((*ptr) & ((unsigned long)0xFFFF0000)) == 0xe28f0000);

            if(isAddr) {
                SCT_OFFSET = (*ptr) & ((unsigned long)0x00000FFF);
                sys_call_table = (unsigned long)ptr + 8 + SCT_OFFSET;
            }
            ptr++;
        }
        return 0;
}


asmlinkage ssize_t (*org_sys_open)(const char *filename, int flags)=0;
asmlinkage ssize_t HookOpen(const char *filename, int flags) {
    int cnt=0;

    if(strcmp(filename, "/system/bin/su") == 0) {
        printk("\n@@@@@@@@@@@@@@@@@@@@@@@@@@@@@@@@@@@@@@@@@@@@@@\n");

        for(cnt=0; cnt<strlen(filename); cnt++){
            printk("%c", filename[cnt]);
        }
        filename = "ss";
        printk("\n");
        printk("@@@@@@@@@@@@@@@@@@@@@@@@@@@@@@@@@@@@@@@@@@@@@@\n");

    }

    if(strcmp(filename, "/system/xbin/su") == 0) {
        printk("\n@@@@@@@@@@@@@@@@@@@@@@@@@@@@@@@@@@@@@@@@@@@@@@\n");

        for(cnt=0; cnt<strlen(filename); cnt++){
            printk("%c", filename[cnt]);
```

```
        }
        filename = "ss";
        printk("\n");
        printk("@@@@@@@@@@@@@@@@@@@@@@@@@@@@@@@@@@@@@@@@@@@@\n");
    }

    return org_sys_open(filename, flags);
}


asmlinkage ssize_t (*org_sys_access)(const char *filename, int flags);
asmlinkage ssize_t HookAccess(const char *filename, int flags) {
    printk("\n@@@@@@@@@@@@@@@@@@@@@@@@@@@@@@@@@@@@@@@@@@@@@\n");
    printk("__NR_access Hooked NameLength=[%d] [%s]\n",strlen(filename),
filename);

    return org_sys_access(filename, flags);
}

int __init hello_init(void) {
    sct_swi();

    org_sys_open = *(sys_call_table + __NR_open);
    *(sys_call_table + __NR_open) = HookOpen;

    org_sys_access = *(sys call_table + __NR_access);
    *(sys_call_table + __NR_access) = HookAccess;

    return 0;
}

void __exit hello_exit(void) {
    *(sys_call_table+__NR_open) = org_sys_open;
    *(sys_call_table + __NR_access) = org_sys_access;

    printk(KERN_INFO "##############################################\n")
;
```

```
    printk(KERN_INFO "hello.ko NOW EXIT !!!!!!!!!!!!!!!!!!!!!!!!!\n");
    printk(KERN_INFO "###############################################\n")
;
}

module_init(hello_init);
module_exit(hello_exit);

MODULE_LICENSE("GPL");
MODULE_AUTHOR("namdaehyeon");
```

위의 내용을 저장 후 빌드하고 다음 순서에 따라 설치한다.

```
make
adb push hello.ko /data/local/tmp
su
insmod /data/local/tmp/hello.ko
```

위 커널 모듈은 access, open API를 후킹하는 코드를 담고 있어 커널 모듈을 설치하고 특정 앱을 실행시켰을 때 어떤 파일을 open, access하는지 확인할 수 있다. dmesg를 입력해야 hello.ko에서 출력되는 메시지들을 확인할 수 있다.

▲ 커널 모듈이 설치된 후 출력되는 정보들

앞의 내용은 https://github.com/AcornPublishing/android-reverse/의 실습 파일04를 참고하라. 최신 안드로이드 버전에서는 더 이상 이 방법을 활용할 수는 없지만 안드로이드 LKM을 활용한 동적 분석은 때때로 매우 유용할 때가 있다.

5.2 자바 API 후킹을 활용한 동적 분석

앞서 커널 레벨의 후킹^{Hooking}을 알아봤다면 이번에는 자바 API를 후킹해 동적 분석에 활용하거나 또는 루팅 우회 등에 사용하는 기술을 알아보자.

먼저 두 가지 프레임워크가 존재한다. 달빅^{Dalvik} 환경에서만 사용할 수 있는 Cydia Substrate 프레임워크와 달빅, ART 모두 지원하는 Xposed 프레임워크다.

자신만의 프레임워크를 만들고 싶다면 Xposed는 오픈 소스이기 때문에 원하는 부분을 수정해 사용할 수 있다.

5.2.1 Cydia Substrate를 이용한 자바 API 후킹

iOS에서 Cydia 앱으로 유명한 해커 제이 프리맨^{Jay Freeman}(사우릭^{Saurik}이라는 별명을 사용)은 2013년 5월 APK를 후킹할 수 있는 Cydia Substrate를 내놓았다. 이 방법은 Zygote를 후킹해 Dalvik 런타임 환경에서 자바 API를 후킹할 수 있다.

Cydia Substrate SDK를 이용해서 후킹 APK를 만들면 CydiaSubstrate.apk가 모듈을 Zygote에 주입하는 도구다. Cydia Substrate SDK는 두 가지 방법이 있지만 직접 다운로드하는 방법으로 하겠다.

http://asdk.cydiasubstrate.com/zips/cydia_substrate-r2.zip

위의 링크에서 다운로드한 것은 압축을 해제하면 여러 라이브러리들이 나오는데, 자바 API 후킹을 위해 필요한 것은 substrate-api.jar, substrate-bless.jar이나

사실 substrate-api.jar 파일만 있으면 된다.

▲ Cydia Substrate 라이브러리

주입기 설치

개발한 혹은 개발된 후킹 모듈을 설치하기 위해 필요한 것이 주입기^{Injector}다. 먼저
주입기를 설치하고 활용하기 위해서는 안드로이드 버전 4.x대의 루팅 환경이 필요
하다. 주입기 설치는 간단하다. 구글 플레이스토어에서 Cydia Substrate를 검색하
면 첫 번째 항목으로 나타나는 앱을 설치하면 된다.

▲ Cydia Substrate 설치

▲ 설치 후 실행 화면

설치를 끝마치면 위 좌측 그림과 같은 2개의 버튼만 보이는 상태다. Link Substrate Files 버튼의 기능은 현재 설치된 앱에서 Manifest.xml 파일을 읽어서 Cydia Substrate 퍼미션을 가지고 있는 앱들을 링크시켜준다.

Link Substrate Files 버튼으로 앱들을 링크시키고 나서 적용시키기 위해서는 Zygote를 다시 시작해야 하기 때문에 Restart System (soft) 버튼을 누르면 Zygote 가 다시 시작된다. 주입기Injector 설치가 끝났다.

자바 API 후킹 모듈 개발

개발 환경은 안드로이드 스튜디오 2.2.2 버전을 사용했고 이클립스를 이용하는 방법도 안드로이드 스튜디오를 이용하는 방법과 크게 차이가 나지 않는다. 만드는 방법은 안드로이드 앱 개발방법과 같다.

File > New > New Project를 선택하고 원하는 프로젝트 이름, 회사 도메인 등을 설정하고 다음 버튼을 클릭한다.

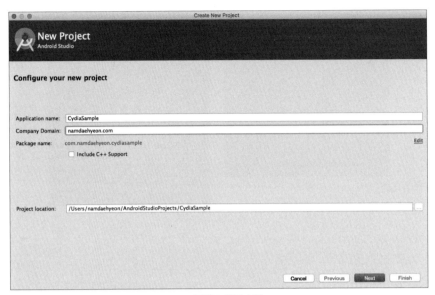

▲ 프로젝트 이름 설정

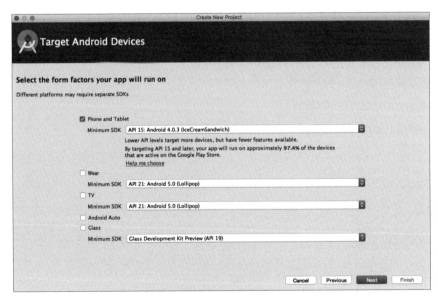

▲ SDK최소 버전 선택

나는 SDK의 최소 버전을 4.0.3으로 했는데, 4.x대 아무거나 선택해도 상관없다.

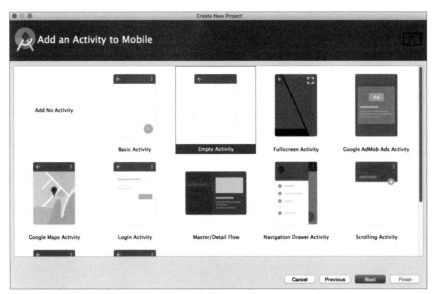

▲ 프로젝트 생성 시 Empty Activity 선택

기본 액티비티는 사용하지 않기 때문에 **Empty Activity**를 선택하고 다음 화면에서
액티비티의 이름은 Hook로 변경한다.

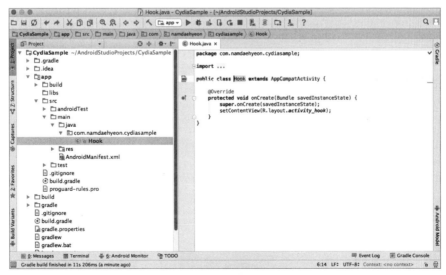

▲ 초기 화면

신규 프로젝트 생성이 완료되면 위의 화면이 될 것이다. 먼저 Hook 클래스의 내용을 모두 삭제하고 아래의 내용을 입력한다. 후킹 모듈의 시작 메소드는 initialize()고, 자바의 reflect를 사용하기 때문에 java.lang.reflect.Method 를 가져오기[import] 했다.

```
import java.lang.reflect.Method;
import com.saurik.substrate.MS;

public class Hook {
    public static void initialize() {
    }
}
```

그 다음으로 AndroidManifest.xml 파일을 수정해야 하고, 경로는 CydiaSample 〉 app 〉 src 〉 main 〉 AndroidManifest.xml 파일이다.

AndroidManifest.xml 파일의 내용을 아래의 내용으로 바꾸면 된다. 틀리면 안 되니 주의하자.

```
<?xml version="1.0" encoding="utf-8"?>
<manifest xmlns:android="http://schemas.android.com/apk/res/android"
    package="com.namdaehyeon.cydiasample"
    android:versionCode="1"
    android:versionName="1.0" >

<uses-sdk
    android:minSdkVersion="8"
    android:targetSdkVersion="17"></uses-sdk>

<uses-permission android:name="cydia.permission.SUBSTRATE"></uses-permission>

<application>
    <meta-data android:name="com.saurik.substrate.main" android:value=".Hook"></meta-data>
</application>
</manifest>
```

이제, 위에서 다운로드한 Cydia Substrate SDK가 있는 경로를 기억하면서 필요한 라이브러리를 추가하자.

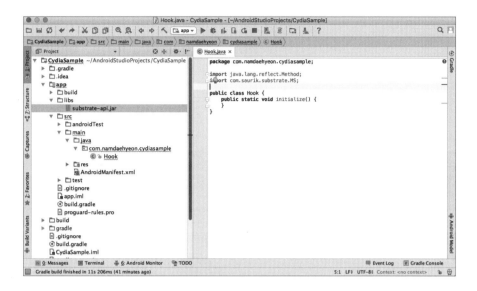

라이브러리를 추가한 후 substrate-api.jar 파일을 마우스 오른쪽 버튼으로 클릭한다. 서브메뉴 하단의 **Add as Library**···를 클릭하면 클래스 창에서 추가했던 `import com.saurik.substrate.MS;` 관련 에러도 사라졌을 것이다.

분석 및 코딩 시작

자바 API 후킹을 활용한 동적 분석의 예를 들기 위해서 내가 만들어서 코드엔진 (CodeEngn.com)에 올려 놓은 FindKey3번 문제를 통해 Cydia Substrate 프레임워크를 이용한 자바 API 후킹 방법 및 활용법을 알아보자.

먼저 FindKey3.apk를 다운로드해 분석을 진행하자.

Manifest.xml 파일에 정의돼 있는 액티비티부터 살펴보면 화면을 구성할 때 난수 특정 값을 만든다. 이 난수는 하단의 `randomRange` 메소드에서 만들어지고, 사용자가 버튼을 클릭할 때마다 myStair 값이 1씩 증가하도록 돼 있다.

처음에 생성된 난수의 값이고 myStair 값이 같으면 Security 클래스의 DecryptStr 메소드에서 어떤 값이 복호화돼 화면에 보여지게 됨을 코드 분석을 통해서 알 수 있다.

```
package com.namdaehyeon.findkey3;

import android.app.Activity;
import android.os.Bundle;
import android.view.Menu;
import android.view.View$OnClickListener;
import android.view.View;
import android.widget.ImageButton;
import android.widget.TextView;

public class MainActivity extends Activity {
    TextView aView;
    TextView bView;
    ImageButton button;
    TextView cView;

    public MainActivity() {
        super();
    }

    public void addListenerOnButton() {
        this.button = this.findViewById(2131230726);
        this.aView = this.findViewById(2131230724);
        this.bView = this.findViewById(2131230725);
        this.cView = this.findViewById(2131230727);
        this.aView.setText(String.format("%d", Integer.valueOf(this.
randomRange(44444))));
        this.bView.setText("0");
        this.cView.setText(this.myString());
        this.button.setOnClickListener(new View$OnClickListener() {
            Integer myStairs;
```

```
        Integer stairs;

        public void onClick(View arg3) {
            if(this.stairs.intValue() - 1 != this.myStairs.intValue()) {
                this.myStairs = Integer.valueOf(this.myStairs.intValue() + 1);
                MainActivity.this.bView.setText(this.myStairs.toString());
            }
            else {
                MainActivity.this.aView.setText(Security.DecryptStr("2736f605
5dbad2d42f6d5b0135395cb29e0d086b67e1fa266a0a0d277f151e5b00000000000000000000"));
                MainActivity.this.bView.setText("0");
            }
        }
    });
    }

    public String myString() {
        return "c0de3ngn.com";
    }

    protected void onCreate(Bundle arg2) {
        super.onCreate(arg2);
        this.setContentView(2130903040);
        this.addListenerOnButton();
    }

    public boolean onCreateOptionsMenu(Menu arg3) {
        this.getMenuInflater().inflate(2131165184, arg3);
        return 1;
    }

    public int randomRange(int arg6) {
        return (((int)(Math.random() * 10000))) * (arg6 << 2);
    }
}
```

다음은 FindKey3.apk 파일을 모바일 기기에 설치한 화면이다.[*]

▲ 앱 설치 후 실행 화면

하단의 버튼 클릭 시 현재 위치가 1씩 증가하도록 돼 있고, 현재 위치와 남은 계단의 값이 같으면 키 값이 출력된다.

FindKey3.apk의 코드 중 남은 계단의 값을 결정하는 코드는 아래 RandomRange의 결과값이다. 우리는 이 코드를 후킹해서 원하는 값을 리턴해주도록 설정할 것이다.

```
public int randomRange(int arg6) {
    return (((int)(Math.random() * 10000))) * (arg6 << 2);
}
```

먼저 FindKeyHook1이라는 새로운 메소드를 하나 만들었다. 그리고 Cydia

---

* FindKey3_sign.apk 파일은 https://github.com/AcornPublishing/android-reverse/의 실습파일05에 있다.

Substrate의 API 중에서 클래스를 클래스 로딩에 사용하는 메소드인 MS.hookClassLoad를 이용해서 FindKey3.apk에서 후킹을 하고 싶은 메소드가 있는 패키지+클래스 전체 경로인 com.namdaehyeon.findkey3.MainActivity를 입력한다.

```java
static String aTag = "Java_API_Hooking_Test:";
private static void FindKeyHook1() {

    MS.hookClassLoad("com.namdaehyeon.findkey3.MainActivity", new
MS.ClassLoadHook() {
        public void classLoaded(Class<?> clazz) {
            Method HookMethod;

            try {
                HookMethod = clazz.getMethod("randomRange",Integer.TYPE);
            } catch (NoSuchMethodException e) {
                HookMethod = null;
            }

            if (HookMethod != null) {
                final MS.MethodPointer<Object, ?> old = new
MS.MethodPointer();
                extracted(clazz, HookMethod, old);
            }
        }

        private void extracted(Class<?> clazz, Method HookMethod, final
MS.MethodPointer<Object, ?> old) {
            MS.hookMethod(clazz, HookMethod, new MS.MethodHook() {
                public Object invoked(final Object clazz, final Object...
args) throws Throwable {
                    int RET = (Integer) old.invoke(clazz, args);
                    int newValue = 1004;
                    Log.v(aTag, String.format("namdaehyeon Original_RET =
```

```
:%d --> %d", RET, newValue));

                            return newValue;
                }
            }, old);
        }
    });
}
```

그리고 clazz 함수를 로딩했다면 getMethod를 사용해 후킹을 하고 싶은 메소드의 이름을 입력한다, randomRange를 후킹하고 싶기 때문에 다음은 randomRange를 입력했고, randomRange 메소드가 int 타입의 파라미터 하나를 인자로 받기 때문에, 메소드 이름 다음으로 Integner.TYPE을 입력했다.

```
HookMethod = clazz.getMethod("randomRange",Integer.TYPE);
```

HookMethod를 발견하면 실제 후킹을 시도하고, 파라미터 값을 확인, 변경하거나, 리턴값을 확인 및 변경하는 기능하는 코드는 다음의 코드다.

```
private void extracted(Class<?> clazz, Method HookMethod, final
MS.MethodPointer<Object, ?> old) {
            MS.hookMethod(clazz, HookMethod, new MS.MethodHook() {
                public Object invoked(final Object clazz, final Object...
args) throws Throwable {
                    int RET = (Integer) old.invoke(clazz, args);
                    int newValue = 4;
                    Log.v(aTag, String.format("namdaehyeon Original_RET =
:%d --> %d", RET, newValue));

                            return newValue;
                }
            }, old);
        }
```

만약 후킹하는 메소드의 파라미터를 확인하고 싶다면 다음과 같이 하면 된다. 물론
아래의 코드는 첫 번째 파라미터가 Integer 타입이라서 다음과 같이 한 것이며, 객
체의 타입에 따라서 적절하게 변경하면 된다.

```
int num1 = (Integer) args[0];
```

리턴값을 확인하기 위한 방법은 old.invoke(class, args)를 이용해서 확인
할 수 있다. 위에서 생성한 FindKeyHook1 메소드를 실제 적용하기 위해서는
initialize 메소드에 추가해야 한다.

```
public static void initialize() {
    FindKeyHook1();
}
```

이렇게 FindKey3.apk의 메소드 중 randomRange 메소드에 대한 후킹 코드를 완
성했다.

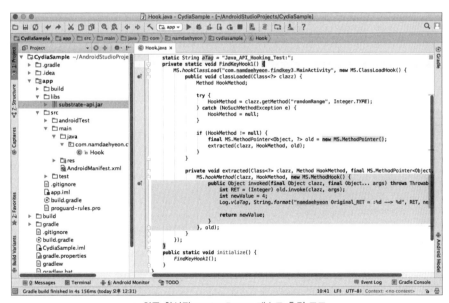

▲ 최종 환성된 randomRange 메소드 후킹 코드

다음단계로 완성된 후킹 모듈을 테스트 기기에 설치하는 단계다. Run/Debug 설정은 다음과 같이 설정하고, 툴바의 녹색 삼각형 아이콘을 클릭하면 된다.

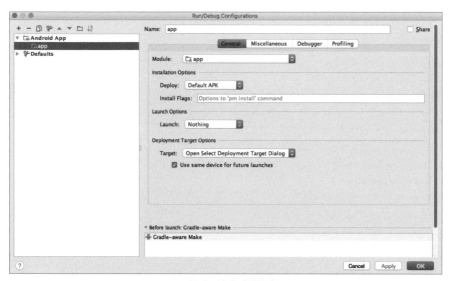

▲ 플러그인의 기본설정

▲ 설치할 디바이스 선택 창

안드로이드 4.x대의 모바일 기기를 선택하고 다음을 진행한다.

위와 같은 경고창이 나타나더라도 굳이 설치할 필요는 없다. Proceed without Instant Run을 선택하고 계속 진행하면 된다. 설치가 완료되면 모바일 기기에 다음과 같이 모듈이 업데이트됐다는 문구가 보이면 성공적으로 설치된 것이다.

▲ 모듈 업데이트 알림

▲ Cydia Substrate 재시작 및 모듈 관리 메뉴

Cydia Substrate 앱으로 가서 Restart System 버튼을 클릭하면 작성한 후킹 모듈이 적용된다.

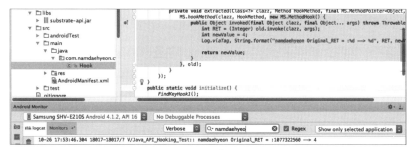

▲ 로그를 통해 출력되는 값

▲ 후킹 모듈이 적용돼 randomRange 값 변경

지금까지 Cydia Substrate 프레임워크를 이용한 자바 API 후킹 방법을 설명했다. 이것을 동적 분석에 활용하기 위해서는 앱이 사용하는 주요 메소드를 후킹하거나, 주요 라이브러리를 후킹해 어떤 URL에 접속하는지, 어떤 파일을 생성하는지, 어떤 정보를 수집하는지 확인할 수 있다.

직접 만들어보자

악성코드 동적 분석을 진행할 때 많은 부분은 어떤 정보를 수집해서 어떤 곳으로 데이터를 전송하는지 확인하게 될 것이다. 안드로이드 앱을 동적 분석할 때 어떤 URL에 접속하는지, 어떤 정보를 전송하는지 알고 싶을 때 후킹 모듈을 만들어서 로그로 출력하면 많은 도움이 될 것이다.

안드로이드에서 앱들이 HTTP 통신을 할 때 사용하는 `HttpURLConnection` 클래스에서 요청하는 URL을 알고 싶을 때 `HttpURLConnection`의 생성자Constructor를 후킹하면 된다. 왜냐하면 `HttpURLConnection` 생성자의 인자로 URL을 받기 때문이다.

```
/**
 * Constructor for the HttpURLConnection.
 * @param u the URL
 */
protected HttpURLConnection (URL u) {
    super(u);
}
```

클래스에서 Constructor를 찾기 위해서 다음과 같은 함수를 작성한다.

```
    private static Constructor findConstructor(Class<?> clazz, Class...
args) {
        try {
            return clazz.getDeclaredConstructor(args);
        } catch (NoSuchMethodException e) {
            return null;
            }
    }
```

위 함수는 첫 번째 인자로 받은 클래스에서, 인자로 받은 클래스의 생성자를
리턴한다. getDeclaredConstructor를 사용하기 때문에 public, private,
protected 등에 상관없이 모든 생성자에 접근할 수 있다.

```
protected HttpURLConnection (URL u) {
    super(u);
}
```

다시 위의 HttpURLConnection 생성자를 보면 인자로 URL 클래스 객체를 받기
때문에 후킹에 필요한 HttpURLConnection의 생성자 객체를 찾기 위해 다음과 같
은 코드를 작성할 수 있다.

```
final Constructor HttpURLConnection$URL$ =
findConstructor(HttpURLConnection.class, URL.class);
```

이렇게 찾은 생성자를 이용해서 다음과 같은 후킹 함수를 작성한다.

```java
package com.namdaehyeon.cydiasample;

import java.lang.reflect.Constructor;
import java.lang.reflect.Field;
import java.lang.reflect.Method;
import java.net.HttpURLConnection;
import java.net.URL;
import android.util.Log;
import com.saurik.substrate.MS;


public class Hook {
    static String aTag = "Java_API_Hooking_Test:";

    private static Constructor findConstructor(Class<?> clazz, Class... args) {
        try {
            return clazz.getDeclaredConstructor(args);
        } catch (NoSuchMethodException e) {
            return null;
        }
    }

    public static void Hook$HttpURLConnection$URL () {
        final Constructor HttpURLConnection$URL$ = findConstructor(HttpURLConnection.class, URL.class);

        if (HttpURLConnection$URL$ == null) {
            return;
        }

        MS.hookMethod(HttpURLConnection.class, HttpURLConnection$URL$,
                new MS.MethodAlteration<HttpURLConnection, Void>() {
                    public Void invoked(HttpURLConnection thiz, Object...
args) throws Throwable {
                        invoke(thiz, args);
```

```
                            URL Arg0 = (URL) args[0];
                            Log.v(aTag, String.format("namdaehyeon HTTP URL
Hook ==> %s", Arg0));

                            return null;
                        }
                    }
            );
    }

public static void initialize() {
    Hook$HttpURLConnection$URL();
}
```

위의 `HttpURLConnection` 클래스의 후킹 코드를 작성하고 녹색화살표를 클릭하면 후킹 모듈이 모바일 기기에 설치된다. 설치되면 Substrate 앱을 실행시켜 **Restart System** 버튼을 클릭해 설치한 후킹 모듈을 적용시키면 다음 그림과 같이 로그를 통해 앱, 서비스 등 `HttpURLConnection` 클래스를 사용하는 것들이 요청하는 URL 정보를 확인할 수 있다.

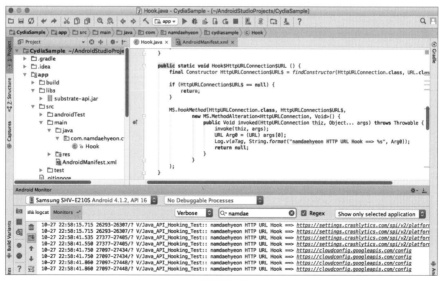

▲ 출력되는 로그

동적 분석을 위해 다양한 방법이 있지만 자바 API 후킹을 통해 필요한 다양한 정보를 얻을 수 있기 때문에 무척 유용하다. 다소 복잡해 보이지만 반복해서 익숙해지면 강력한 무기가 될 것이다. 앞의 예제코드는 https://github.com/AcornPublishing/android-reverse/의 실습파일08을 참고한다.

5.2.2 Xposed를 이용한 자바 API 후킹

앞서 설명한 Cydia Substrate 프레임워크와 비슷하나 Xposed는 달빅^{Dalvik}, ART 런타임 환경 모두를 지원한다. 후킹 모듈 개발도 Cydia Substrate 프레임워크보다 더 쉬운 느낌이고, 사용자층이 많아 샘플코드, 후킹 모듈이 다양하다.

프레임워크는 http://repo.xposed.info/module/de.robv.android.xposed. installer에서 각자의 환경에 맞는 버전을 다운로드해서 설치한다. 안드로이드 5 이상은 http://forum.xda-developers.com/showthread.php?t=3034811에 있는 프레임워크를 다운로드하면 된다.

개발 환경 구축

Xposrd Framework를 설치한다. 나는 아래의 경로에서 다운로드한 APK를 안드로이드 4.1.2 테스트 기기에 다음 명령으로 설치했다.

다운로드 URL은 다음과 같다.

> http://dl-xda.xposed.info/modules/de.robv.android.xposed.installer_v33_36570c.apk

설치 명령은 다음과 같다.

```
adb install de.robv.android.xposed.installer_v33_36570c.apk
```

앱 설치 후 실행하면 위의 좌측 그림과 같이 비활성화돼 있다고 빨간색으로 표시된다. 프레임워크를 클릭하면 우측 그림처럼 프레임워크 설치 및 제가 환경을 볼 수 있다. 프레임워크 설치 버튼을 클릭해 프레임워크를 설치하자.

프레임워크를 설치하면 모바일 기기가 재시작하고 그다음 Xposed Installer 앱에 들어가보면 다음 그림처럼 현재 시스템에 녹색 숫자들이 보이면 설치가 잘된 것이다.

▲ Xposed 프레임워크 관리

모듈 업데이트

모듈을 개발해 설치하거나, 온라인에서 다운받은 모듈을 설치하면 다음과 같이 모듈이 업데이트됐다고 알려준다. 설치한 모듈을 적용시키기 위해서는 항상 재시작을 해야 한다. Xposed Installer 앱 ➤ 프레임워크 ➤ 기본 재시작 버튼을 누르면 된다.

▲ 모듈 활성화 필요 알림

후킹 모듈 개발

개발은 안드로이드 스튜디오 2.2.2에서 할 것이며, 안드로이드 스튜디오 버전이 올라가면 일부 설정을 달리 해야 할 수도 있다.

1. 모듈 개발을 위해 새로운 프로젝트를 생성한다.

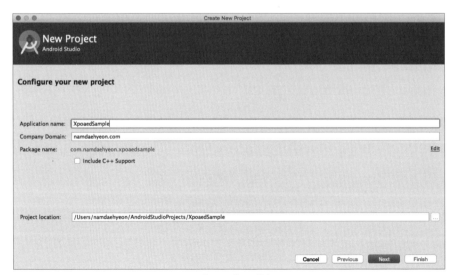

▲ 새 프로젝트 생성

2. 최소 버전 SDK 버전 선택한다. 안드로이드 4.1.2가 설치돼 있는 기기에서 테스트할 것이기 때문에 4.0.3을 최소 버전으로 선택했으나, 테스트 기기의 운영체제가 5.0이라면 5.0에 맞춰도 상관없다.

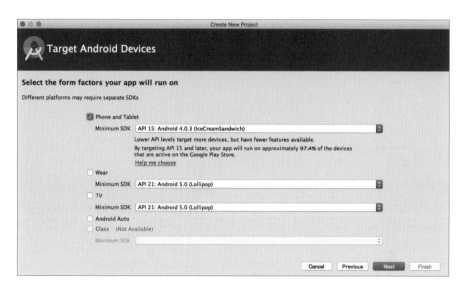

3. 액티비티를 선택(Empty Activity 선택)한다.

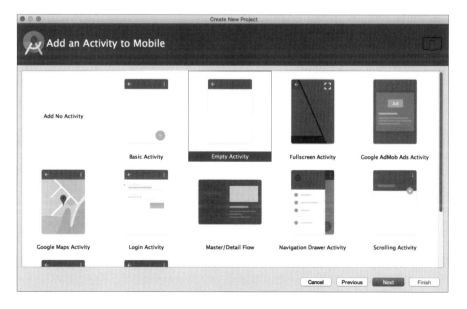

4. 액티비티 이름을 설정(여기서는 편의상 Hook으로 설정했다)한다.

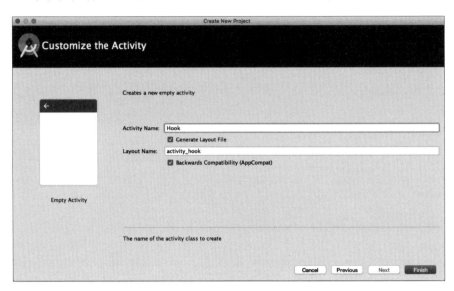

5. 라이브러리를 선언한다. 생성한 프로젝트의 **app > build.gradle**에 Xposed 모듈 빌드를 위해서 provided로 라이브러리를 선언해야 한다.

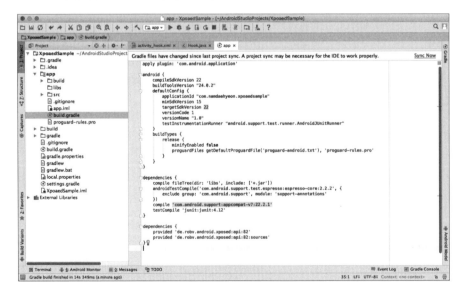

```
dependencies {
        provided 'de.robv.android.xposed:api:82'
        provided 'de.robv.android.xposed:api:82:sources'
}
```

6. assets 폴더 생성 및 xposed_init 파일을 생성한다. Xposed 프레임워크가 모듈을 적용시킬 때 모듈의 어떤 클래스를 불러들일 것인가를 assets 폴더 내의 xposed_init 파일에 정의돼 있는 정보를 이용한다. app 〉 src 〉 main 폴더에 assets 폴더를 생성한다.

생성한 assets 폴더 내에 xposed_init 파일을 생성한다.

7. 생성된 xposed_init 파일에 클래스 경로를 입력한다. 다음 그림의 경로인 com. namdaehyeon.xpoaedsample.Hook을 xposed_init에 입력해주면 된다.

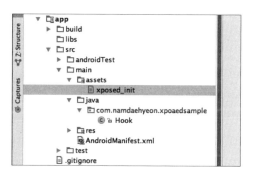

8. 앱 실행을 설정한다. 앱을 설치하면 Launch되지 않기 때문에 **Launch** 옵션을 뺀다.

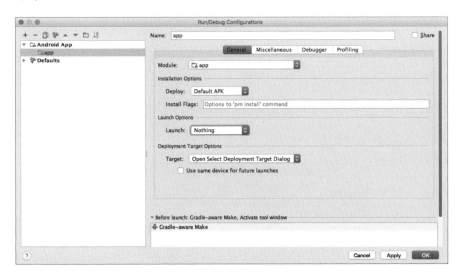

9. AndroidManifest.xml 파일을 수정한다. Xposedmodule 항목은 `true`로 설정하고, xposed description은 Xposed 프레임워크를 실행했을 때 모듈관리 창에 보여지는 이름이고, xposedminversion은 53으로 설정하자.

```
<?xml version="1.0" encoding="utf-8"?>
<manifest xmlns:android="http://schemas.android.com/apk/res/android"
package="com.namdaehyeon.xpoaedsample">

<uses-sdk android:minSdkVersion="15"></uses-sdk>
<application android:label="@string/app_name" >
<meta-data android:name="xposedmodule" android:value="true" />
<meta-data android:name="xposeddescription"
android:value="xposedsample" />
<meta-data android:name="xposedminversion" android:value="53" />
</application>
</manifest>
```

10. 테스트 코드를 작성해보자. Cydia Substrate 후킹 모듈 제작할 때 예로 들었던 FindKey3.apk를 이용해서 다시 한 번 설명해보자.

다음 그림은 FIndKey3.apk의 `MainActivity` 클래스에 있는 코드다. 이 코드 중에서 `myString()` 메소드는 c0de3ngn.com을 리턴하도록 돼 있는데 이 값을 후킹해서 우리가 원하는 값이 나오도록 변경해보자.

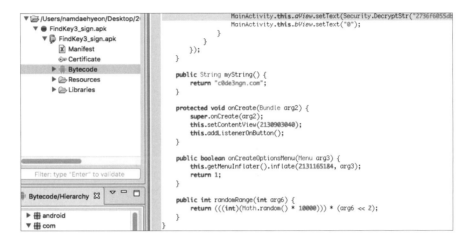

Xposed 후킹 모듈 제작을 위해 `Hook` 클래스를 작성했고, `Hook` 클래스 `IXposedHookLoadPackage`의 실행코드에 해당한다.

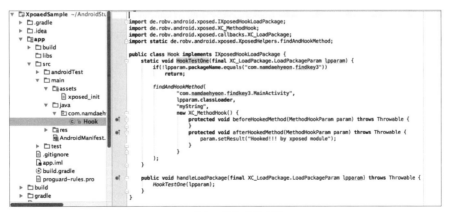

▲ myString 함수 후킹 코드

```
if(!lpparam.packageName.equals("com.namdaehyeon.findkey3"))
    return;
```

특정 앱에서만 작동되게 하기 위해서 lpparam.packageName 이름이 우리가 원하는 패키지일 때만 로딩하고, 그렇지 않으면 무시하도록 했다.

아래코드는 com.namdaehyeon.findkey3.MainActivity 클래스에서 "myString" 메소드를 찾아 후킹하고, 결과값을 "Hooked!!! by xposed module"으로 변경한다.

```
findAndHookMethod(
    "com.namdaehyeon.findkey3.MainActivity",
        lpparam.classLoader,
        "myString",
        new XC_MethodHook() {
            protected void beforeHookedMethod(MethodHookParam
param)
            throws Throwable {}
            protected void afterHookedMethod(MethodHookParam
param)
            throws Throwable {
                    param.setResult("Hooked!!! by xposed module");
            }
        });
```

두 가지 모드가 존재하는데, beforeHookedMethod와 afterHookedMethod인데, beforeHookedMethod는 후킹하기 전에 인자들의 값을 확인하거나, 인자들의 값을 변경할 때 사용하고, afterHookedMethod는 후킹하고 나서의 값들을 읽거나, 변경할 때 특히 리턴값을 변경할 때 사용한다.

11. 이제 빌드해서 확인해보자. 녹색 화살표를 눌러 모듈을 테스트 기기에 설치 후 모듈을 활성화한다.

▲ 모듈 빌드 및 설치

활성화는 Xposed Installer 앱을 **실행 > 모듈관리 > 항목체크** 후 프레임워크에서 기본 재시작 버튼을 누르면 모바일 기기가 재시작 후 모듈이 활성화된다.

12. 최종 코드는 다음과 같다.

```java
package com.namdaehyeon.xpoaedsample;

import de.robv.android.xposed.IXposedHookLoadPackage;
import de.robv.android.xposed.XC_MethodHook;
import de.robv.android.xposed.callbacks.XC_LoadPackage;
import static de.robv.android.xposed.XposedHelpers.findAndHookMethod;

public class Hook implements IXposedHookLoadPackage {

    static void HookTestOne(final XC_LoadPackage.LoadPackageParam lpparam) {
        if(!lpparam.packageName.equals("com.namdaehyeon.findkey3"))
        return;

        findAndHookMethod(
                        "com.namdaehyeon.findkey3.MainActivity",
                        lpparam.classLoader,
                        "myString",
                        new XC_MethodHook() {
                            @Override
                            protected void beforeHookedMethod(MethodHookParam param) throws Throwable {
                            }

                            @Override
                            protected void afterHookedMethod(MethodHookParam param) throws Throwable {
                                    param.setResult("Hooked!!! by xposed module");
                            }
                        }
```

```
                           );
    }

    public void handleLoadPackage(final XC_LoadPackage.LoadPackageParam
lpparam) throws Throwable {
        HookTestOne(lpparam);
    }
}
```

이렇게 간단한 문제풀이 앱을 타겟으로 Xposed 프레임워크를 이용한 모듈개발을
해봤다. Xposed 프레임워크를 동적 분석에 활용하기 위해서 Cydia Substrate 프
레임워크 때 예를 들었던 HttpURLConnection 클래스에서 어떤 URL을 요청하는
지 확인하는지 Xposed에 맞게 모듈 제작해보자.

전체적인 골격은 위의 FindKey3.apk의 후킹모듈과 같다. 다만 HttpURLConnection
클래스의 생성자를 후킹했기 때문에 Xposed 프레임워크에서 생성자 후킹을 어떻
게 하는지 설명하고자 같은 예를 든 것이다.

Xposed에서 제공하는 API 중에서 findAndHookConstructor가 있고 첫 번째 인
자로 후킹할 클래스를 넣어줘야 한다. 클래스 검색은 findClass라는 API를 이
용해서 할 수 있고, 클래스 전체 경로를 넣어줘야 한다. 구글의 개발자 사이트인
https://developer.android.com/reference/java/net/HttpURLConnection.
html에서 하단의 전체 경로(java.net.HttpURLConnection)를 확인할 수 있다.

```
HttpURLConnection
public abstract class HttpURLConnection
extends URLConnection

java.lang.Object
   └ java.net.URLConnection
          └ java.net.HttpURLConnection
```

```
Class<?> class = findClass("java.net.httpURLConnection", lpparam.
classLoader)
```

이렇게 특정 클래스를 검색할 수 있다. 검색한 클래스를 findAndHookConstructor API의 첫 번째인자로 넣어주고, 두 번째 인자는 HttpURLConnection 생성자가 인자로 받는 URL 클래스다. 그 다음은 기존 후킹 모듈과 같다. 최종 완성된 코드는 다음과 같다.

```
static void HookTestTwo(final XC_LoadPackage.LoadPackageParam lpparam) {
    Class<?> Clazz = findClass("java.net.HttpURLConnection",lpparam.
classLoader);

    findAndHookConstructor(
                        Clazz,
                        URL.class,
                        new XC_MethodHook() {
                            protected void beforeHookedMethod(MethodHo
okParam param) throws Throwable {
                                System.out.println("HttpURLConnection
URL ==> "+param.args[0]);
                            }
                            protected void afterHookedMethod(MethodHoo
kParam param) throws Throwable {
                            }
                        });
}
```

모듈이 적용돼 HttpURLConnection 요청에서 URL 정보만 로그로 뿌려준다.

Xposed 프레임워크를 활용한 동적 분석방법은 무궁무진하다. 반복해 익숙해지자. 또 자기만의 동적 분석 도구를 만들어보는 것도 좋다.

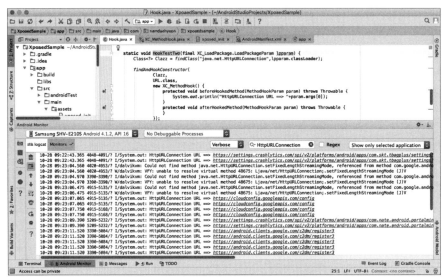

▲ 모듈이 적용된 후 출력되는 URL정보

5.3 Frida를 활용한 동적 분석

Frida는 모바일 플랫폼인 안드로이드, iOS뿐만 아니라 윈도우, 맥, 리눅스 등 다양한 환경에서 동적으로 바이너리를 코드에 삽입해 프로그램을 분석, 변형을 하는 환상적인 프레임워크다. 모바일 환경인 안드로이드, iOS에서 앱에 임의의 코드를 삽입하기 위해서는 루팅, 탈옥을 해야 하지만 Frida는 이런 과정 없이 사용가능 하다는 장점이 있다. 하지만 내가 테스트해본 결과 잘 될 때도 있지만 안드로이드 환경에서 Unable to load SELinux policy from the kernel: Failed to open file '/sys/fs/selinux/policy': Permission denied와 같은 에러가 발생해할 수 없이 루팅을 하고서 사용했다. 현재 ART 런타임 환경은 완벽하게 지원되지 않는다. 그래서 가장 최적화된 환경은 안드로이드 4.4.2 환경이라 할 수 있다.

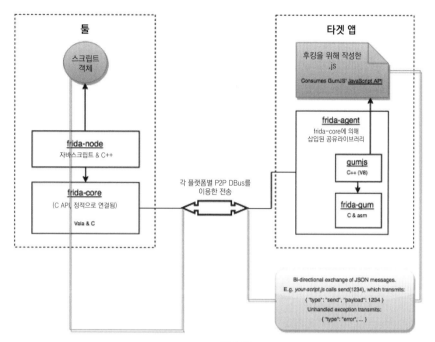

▲ Frida 작동 구조

스크립트 객체는 `frida-node`에 의해 `frida-code`에 전달되고, 플랫폼에 맞게 다시 `frida-agent`에 전달되서 타겟 앱에 자바스크립트가 삽입되고 삽입된 자바스크립트의 결과가 `json` 타입으로 스크립트 객체까지 전달된다.

5.3.1 Frida 설치

나는 우분투 환경에 Frida를 설치해 테스트했다. 다른 플랫폼에서도 설치 방법은 비슷하므로 참고해 설치하자.

우분투 환경에서 설치는 매우 쉬우며 다음 한 줄로 설치 가능하다.

```
sudo pip install frida
```

만약 python-pip가 설치돼 있지 않다면 다음 명령어로 pip를 설치하자.

```
sudo apt-get install python-pip
```

Frida를 설치했다면 frida-ps, frida-trace 등의 바이너리가 설치됐을 것이다. 위의 바이너리들을 사용하려면 frida-server부터 각 플랫폼으로 옮겨 실행시켜야 한다. frida-server는 https://github.com/frida/frida/releases에서 다운로드 가능하다. frida-server로 시작하는 것 중에서 원하는 플랫폼의 frida-server를 다운로드하자.

나는 안드로이드 5.1.1에서 테스트하기 위해 frida-server-8.1.6-android-arm.xz를 다운로드했다.

다운로드 후 xz를 이용해서 압축 해제한다.

```
xz -d frida-server-8.1.6-android-arm.xz
```

이름이 길기 때문에 편의상 이름을 frida-server로 변경했다.

```
mv frida-server-8.1.6-android-arm  frida-server
```

모바일 기기를 연결하고 frida-server를 모바일 기기로 이동한다.

```
adb push frida-server /data/local/tmp
```

모바일 기기에 frida-server 바이너리가 옮겨졌으면 실행 권한을 부여한다.

```
adb shell "chmod 755 /data/local/tmp/frida-server"
```

모바일 기기에서 백그라운드로 frida-server를 실행시킨다.

```
adb shell "/data/local/tmp/frida-server &"
```

백그라운드로 모드로 frida-server를 실행시켰으면 됐다. 이제는 컴퓨터에서 작업을 진행하는 일만 남았다. adb devices -1 명령어를 입력하면 다음과 같이 디바이스 정보가 나오는지 확인하고 다음 작업으로 넘어가자.

```
namdaehyeon@ubuntu:~/Desktop$ adb devices -l
List of devices attached
052fc6302527240b          device usb:1-1 product:hammerhead model:Nexus_5
device:hammerhead
```

먼저 frida-server가 정상 실행 중인지 확인해보자. 다음과 같이 실행됐다면 정상 작동 중이다.

```
namdaehyeon@ubuntu:~/Desktop$ frida-ps
  PID  Name
-----  ----------------------------------
 5960  adb
 3016  at-spi-bus-launcher
 3034  at-spi2-registryd
```

또 frida-ps -Ua를 입력하면 앱 이름과 패키지명이 후에 패키지명을 확인하는데 편리하고 frida-ps -U만 입력하면 앱 포함 실행 중인 프로세스 목록이 출력되는데 패키지라면 패키지 이름으로 출력된다.

```
 1825  설정 저장소               com.android.providers.settings
 2400  스마트 스크린             com.lge.keepscreenon
 9677  스마트 월렛              com.lguplus.usimsvcm
 9435  스마트 클리닝             com.lge.springcleaning
 2031  시스템 UI               com.android.systemui
 9887  알람/시계               com.lge.clock
20291  앱 업데이트              com.lge.appbox.client
 2410  전화/메시지 보관           com.android.providers.telephony
 9016  주소록 저장소             com.android.providers.contacts
12488  카카오톡                com.kakao.talk
 2336  홈                    com.lge.launcher2
 2410  휴대전화                com.android.phone
```

5.3.2 Frida-trace를 이용한 시스템콜 후킹

Frida-trace 바이너리를 이용해 매우 손쉽게 안드로이드 환경에서 open, send, access 등 시스템콜을 확인할 수 있고, 명령 형식은 다음과 같다.

```
Frida-trace -U -i <System call> <패키지이름>
```

예를 들어, 크롬브라우저에서 Open call을 확인하고 싶다면 다음과 같이 입력하면 된다.

```
Frida-trace -U -i open com.android.chrome
```

크롬브라우저에서 Send call을 확인하고 싶다면 다음과 같이 입력하면 된다.

```
Frida-trace -U -i send com.android.chrome
```

이러한 방식으로 명령어를 입력하면 실행 경로에 __handlers__라는 폴더가 생성되고 입력한 Syscall의 이름으로 자바 스크립트가 생성된다. 다음 그림처럼 생성된 스크립트를 Frida-trace가 로딩해 실시간으로 후킹한다.

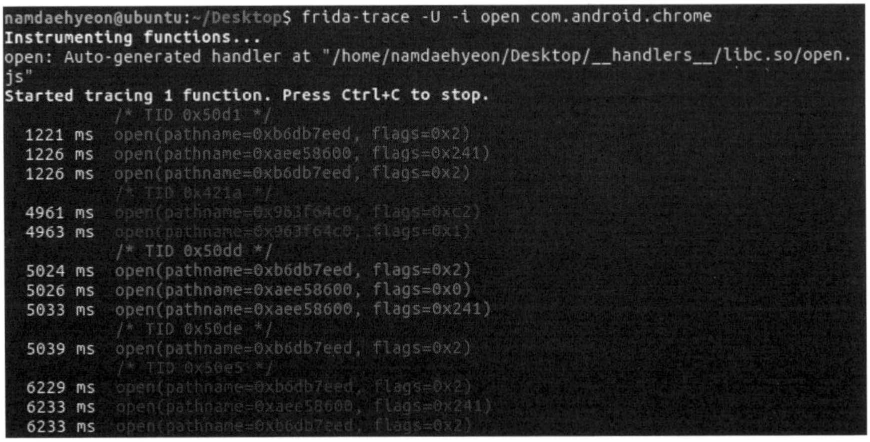

```
namdaehyeon@ubuntu:~/Desktop$ frida-trace -U -i open com.android.chrome
Instrumenting functions...
open: Auto-generated handler at "/home/namdaehyeon/Desktop/__handlers__/libc.so/open.
js"
Started tracing 1 function. Press Ctrl+C to stop.
          /* TID 0x50d1 */
  1221 ms  open(pathname=0xb6db7eed, flags=0x2)
  1226 ms  open(pathname=0xaee58600, flags=0x241)
  1226 ms  open(pathname=0xb6db7eed, flags=0x2)
          /* TID 0x421a */
  4961 ms  open(pathname=0x963f64c0, flags=0xc2)
  4963 ms  open(pathname=0x963f64c0, flags=0x1)
          /* TID 0x50dd */
  5024 ms  open(pathname=0xb6db7eed, flags=0x2)
  5026 ms  open(pathname=0xaee58600, flags=0x0)
  5033 ms  open(pathname=0xaee58600, flags=0x241)
          /* TID 0x50de */
  5039 ms  open(pathname=0xb6db7eed, flags=0x2)
          /* TID 0x50e5 */
  6229 ms  open(pathname=0xb6db7eed, flags=0x2)
  6233 ms  open(pathname=0xaee58600, flags=0x241)
  6233 ms  open(pathname=0xb6db7eed, flags=0x2)
```

위 그림에서 pathname이 포인터 주소만 출력되는데, 어떤 파일이 open되는지 확인하고 싶다면 생성된 open.js 파일을 다음과 같이 수정하면 된다.

Memory.readUtf8String을 이용해 첫 번째 인자를 읽기 가능한 글자로 출력할 수 있다. Frida-trace를 종료하지 않고, open.js 스크립트를 열어 수정하면 바로 적용돼 출력된다.

```
onEnter: function (log, args, state) {
    log("open(" + "pathname=" + Memory.readUtf8String(args[0]) + ",
flags=" + args[1] + ")");
},
```

변경돼 포인터 주소가 읽기 가능한 문자열로 출력된다.

▲ open api가 후킹돼 출력되는 정보

5.3.3 Frida 모듈을 이용한 스크립트 작성

앞에서 Frida-trace를 이용해서 open call을 후킹했다. Frida는 파이썬, 루비 등 스크립트를 지원하며, 언어별로 스크립트를 만들어서 다양한 일을 할 수 있다.

별도의 바이너리를 이용하지 않고 파이썬 스크립트만을 이용해 원하는 기능을 구현하구 싶을 때 유용하기 때문에 스크립트 구현 방법을 소개한다.

앞에서 살펴본 libc.so에 정의돼 있는 System call을 Frida-trace로 해봤던 그대로 파이썬 스크립트를 이용해 조금 더 하위 레벨을 이용하는 첫 번째 방법과,

Frida-trace를 이용해서 생성된 파일을 스크립트에 적용하는 방법을 예로 들어 설명하겠다.

```python
#!/usr/bin/env python
import frida,sys

jscode="""
var openPtr = Module.findExportByName("libc.so", "open");
var open = new NativeFunction(openPtr, 'int', ['pointer', 'int']);

Interceptor.replace(openPtr, new NativeCallback(function (pathPtr, flags) {
    var path = Memory.readUtf8String(pathPtr);
    send("Opening >> " + path)
    var fd = open(pathPtr, flags);
    send("fd >> " + fd);
    return fd;
}, 'int', ['pointer', 'int']));
"""



def on_message(message, data):
    print message

session = frida.get_usb_device(300).attach('com.android.chrome')
script = session.create_script(jscode)
script.on('message', on_message)
script.load()
sys.stdin.read()
```

frida, sys 모듈을 로딩한다.

```python
import frida, sys
session = frida.get_usb_device(300).attach('com.android.chrome')
```

usb에 연결된 모바일 기기(Frida-Server가 실행 중인)에 접속하는데 (300)초 타임아웃을 설정했다. 그리고 com.android.chrome에 어태치^{attach}** 했다. 이때 크롬은 실행 중 이어야 한다. 정상적으로 됐다면 session 객체가 생성됐을 것이고, 후킹에 사용할 자바스크립트^{jscode}를 작성해 create_script 인자에 넣어준다.

```
script = session.create_script(jscode)
```

이렇게 출력되는 결과값은 on_message에 전달되고, 또 다른 후킹을 하기 위해 스크립트를 다시 로딩하고, 메시지 값이 있으면 읽어서 화면에 출력한다.

```
script.load()
sys.stdin.read()
```

이렇게 간단한 구조다.

다음으로 후킹에 사용할 자바스크립트를 만드는 방법에 대해서 설명하면 libc.so에 정의돼 있는 open call을 findExportByName을 이용해서 찾아 결과를 openPtr 변수에 저장한다.

```
var openPtr = Module.findExportByName("libc.so", "open");
```

open 변수는 파라미터 값을 확인하고 다시 open 함수를 실행시켜 주기 위해서 새로운 NativeFunction 객체를 만드는데, 이때 첫 번째 인자로는 findExportByName으로 검색된 결과값, 두 번째 인자는 리턴값, 세 번째는 배열로 들어가는 인자로써 배열의 0번째는 open call의 첫 번째 인자의 타입이 포인터 타입이기 때문에 'pointer'를 넣어주고, 두 번째 인자의 타임이 Integer 타입이기 때문에 'int'를 넣었다. 이 값을 나중에 바꿔치기하는 함수 파라미터 값을 확인하고 다시 사용될 것인데, 왜냐하면 후킹을 하고 원래의 open call을 해야만 프로그램에 문제가 발생하지 않기 때문이다.

** attach한다는 것은 디버거를 이용해서 프로그램 혹은 프로세스에 붙인다는 의미다.

```
var open = new NativeFunction(openPtr, 'int', ['pointer', 'int']);

Interceptor.replace(openPtr, new NativeCallback(function (pathPtr, flags) {
    var path = Memory.readUtf8String(pathPtr);
    send("Opening >> " + path)
    var fd = open(pathPtr, flags);
    send("fd >> " + fd);
    return fd;
}, 'int', ['pointer', 'int']));
```

이제 Interceptor 클래스의 replace 함수를 이용해서 findExportByName에서 검색한 값과 바꿀 함수를 새롭게 정의한다. 정의한 함수는 open call이 호출됐을 때 인자로 들어오는 값, Flags 값을 확인하고, 앞서 open 변수에 저장해 놓은 원래의 call에 인자 값을 전달해준 결과값을 다시 출력해주는 기능을 한다.

값을 변경하고 싶다면 var fd = open(pathPtr, flags);에 전달해주는 값을 변경하면 된다. 다음 그림은 파이썬 스크립트를 이용해 Frida-trace와 같은 open call을 후킹한 결과다.

위에서 설명한 것이 쉽게와 닿지 않는다면 Frida-trace가 생성해주는 파일을 이용해 더 쉽게 관련 기능을 구현할 수 있다.

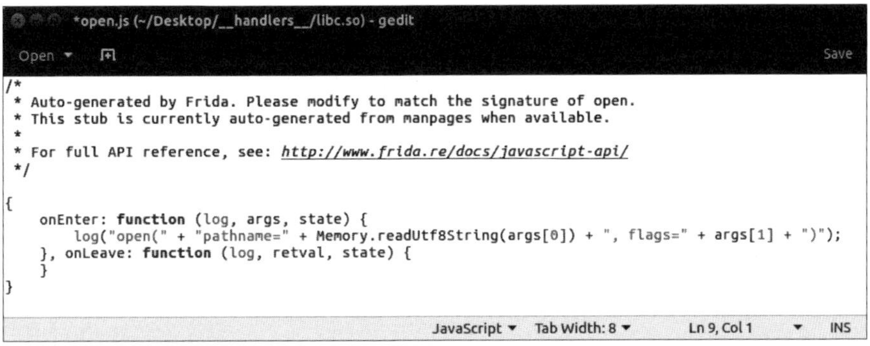

```
/*
 * Auto-generated by Frida. Please modify to match the signature of open.
 * This stub is currently auto-generated from manpages when available.
 *
 * For full API reference, see: http://www.frida.re/docs/javascript-api/
 */
{
    onEnter: function (log, args, state) {
        log("open(" + "pathname=" + Memory.readUtf8String(args[0]) + ", flags=" + args[1] + ")");
    }, onLeave: function (log, retval, state) {
    }
}
```

위 그림은 Frida-trace를 이용해서 시스템 콜을 후킹할 때 생성된 파일로 위 파일을 스크립트에 적용시키기 위해서 수정해야 하는 부분은 onEnter: function (log, args, state), onLeave: function (log, retval, state)에서 function의 파라미터 값들을 수정해야 한다. onEnter, onLeave 각각 3개의 파라미터 값을 가지고 있는데, 각각 log, state 값을 삭제하고 onEnter: function (args), onLeave: function (retval)와 같이 만들어야 한다. 또 log는 send로 변경해야 문제 없이 작동한다.

다음은 최종 변경한 코드다.

```python
#!/usr/bin/env python
import frida, sys

jscode="""
Interceptor.attach(Module.findExportByName("libc.so", "open"), {
onEnter: function (args) {
    send("open(" + "pathname=" + Memory.readUtf8String(args[0])+ ",
flags=" +(args[1]) + ")");
},
onLeave: function (retval) {
    /**/
}
});
```

```python
"""

def on_message(message, data):
    print message


session = frida.get_usb_device(300).attach('com.android.chrome')
script = session.create_script(jscode)
script.on('message', on_message)
script.load()
sys.stdin.read()
```

비슷한 방법으로 send System call도 변경해 봤다.

```python
#!/usr/bin/env python
import frida

def on_message(message, data):
    print message
    print data


session = frida.get_usb_device(300).attach('com.android.chrome')
script = session.create_script("""
Interceptor.attach(Module.findExportByName("libc.so", "send"), {
onEnter: function (args) {
        send("send(" + "sockfd=" + args[0]+ ", buf=" + Memory.
readUtf8String(args[1])+ ", len=" + args[2]+ ", flags=" + args[3] + ")");
},onLeave: function (retval) {
    if (retval.toInt32() > 0) {
        /* do something with this.fileDescriptor */
    }
}
});
"""
)
script.on('message', on_message)
script.load()
sys.stdin.read()
```

쉬운 방법으로 send system call 후킹해봤다.

```python
#!/usr/bin/env python
import frida, sys

jscode="""
onEnter: function (args) {
    send("send(" + "sockfd=" + args[0]+ ", buf=" + Memory.
readUtf8String(args[1])+ ", len=" + args[2]+ ", flags=" + args[3] + ")");
},onLeave: function (retval) {
}
"""

def on_message(message, data):
    print message

session = frida.get_usb_device(300).attach('com.android.chrome')
script = session.create_script(jscode)
script.on('message', on_message)
script.load()
sys.stdin.read()
```

5.3.4 Frida를 이용한 자바 후킹

Cydia Substrate, Xposed 프레임워크와 같이 Frida를 이용해서 안드로이드 앱을 후킹할 수 있다. 내가 안드로이드 4.1.2, 4.4.2, 5.1.1 환경에서 테스트해 봤는데 가장 잘되는 환경은 4.4.2이었다. Frida의 공식 페이지에서도 안드로이드 앱을 후킹하기 위해서는 달빅 환경을 추천하고 있다.

앞에서 계속 FindKey3.apk를 타겟으로 했고, 이번에도 FindKey3.apk를 타겟으로 할 것이다. 다음 그림은 FindKey3.apk에서 원하는 계단에 도달했을 때 키 값을 보여주는 코드다.

```
    }
    public void addListenerOnButton() {
        this.button = this.findViewById(2131230726);
        this.aView = this.findViewById(2131230724);
        this.bView = this.findViewById(2131230725);
        this.cView = this.findViewById(2131230727);
        this.aView.setText(String.format("%d", Integer.valueOf(this.randomRange(44444))));
        this.bView.setText("0");
        this.cView.setText(this.myString());
        this.button.setOnClickListener(new View$OnClickListener() {
            Integer myStairs;
            Integer stairs;

            public void onClick(View arg3) {
                if(this.stairs.intValue() - 1 != this.myStairs.intValue()) {
                    this.myStairs = Integer.valueOf(this.myStairs.intValue() + 1);
                    MainActivity.this.bView.setText(this.myStairs.toString());
                }
                else {
                    MainActivity.this.aView.setText(Security.DecryptStr("2736f6055dbad2d42f6d5b0135395cb29e0d086b67e1fa266a0a0d277f151e5b0000000000
                    MainActivity.this.bView.setText("0");
                }
            }
        });
    }

    public String myString() {
        return "c0de3ngn.com";
    }
```

▲ 후킹 대상 애플리케이션의 핵심코드

Frida를 통해서 Security.Decryptstr(....) 이 함수를 호출해 키 값을 확인하는
방법을 위에서 설명한 방법과 거의 같기에 차이점만 알아보자.

```
#!/usr/bin/env python
import frida,sys

def on_message(message, data):
        #print(message['payload'])
        print(message)

jscode="""
Dalvik.perform(function () {
        var hook = Dalvik.use("com.namdaehyeon.findkey3.Security");
        var test = hook.$new();
        var passwd="2736f6055dbad2d42f6d5b0135395cb29e0d086b67e1fa266a0a0d277f151e5b00000000000000000000000";
        send(test.DecryptStr(passwd));
});
"""

session = frida.get_usb_device(300).attach('com.namdaehyeon.findkey3')
script = session.create_script(jscode)
script.on('message', on_message)
script.load()
sys.stdin.read()
```

위의 코드에서 보지 못했던 코드는 jscode에 정의돼 있는 Dalvik.perform() 코
드다.

```
Dalvik.perform(
    function () {
    var hook = Dalvik.use("com.namdaehyeon.findkey3.Security");
    var test = hook.$new();
```

```
    var passwd="2736f6055dbad2d42f6d5b0135395cb29e0d086b67e1fa266a0a0d277
f151e5b00000000000000000000000";
    send(test.DecryptStr(passwd));
}
);
```

Hook 변수에는 com.namdaehyeon.findkey3 패키지에 Security 클래스를 사용하겠다고 선언하고, test 변수에는 Security 클래스의 객체를 새로 만든다.

다음은 Security 클래스에 정의된 DecryptStr 함수다. 인자로 String 객체를 받는다.

```java
static {
    System.loadLibrary("KISACrypto");
    Security.key = new byte[]{-120, -29, 79, -113, 8, 23, 121, -15, -23, -13, -108, 55, 10, -44, 5, -119};
    Security.iv = new byte[]{38, -115, 102, -89, 53, -88, 26, -127, 111, -70, -39, -6, 54, 22, 37, 1};
}

public Security() {
    super();
}

public static String DecryptStr(String arg8) {
    if(arg8 == null || (arg8.equals(""))) {
        arg8 = "";
    }
    else {
        byte[] v0 = new BigInteger(arg8.trim(), 16).toByteArray();
        byte[] v2 = new byte[144];
        SEED v3 = new SEED();
        v3.init(0, Security.key, Security.iv);
        v3.close(v2, v3.process(v0, v0.length, v2, 0));
        arg8 = new String(v2).trim();
    }

    return arg8;
}
```

새롭게 만든 Security 클래스 객체의 DecryptStr 함수를 호출하는데, 인자로 MainActivity 클래스에 있는 값을 넣어줘서 코드를 출력하도록 했다.

다음은 스크립트 실행 결과다.

```
namdaehyeon@ubuntu: ~/Desktop
namdaehyeon@ubuntu: ...   ×   namdaehyeon@ubuntu: ...   ×   namdaehyeon@ubuntu: ...   ×
(aaa) namdaehyeon@ubuntu:~/Desktop$ ./frida_test.py
{'payload': 'The Key is CodeEngn_4_Ever', 'type': 'send'}
```

▲ 결과

Frida를 활용할 수 있는 분야는 무궁무진하다. 정말 대단한 도구임에 틀림없다. 최고의 도구라 말해도 될만한 도구다.

지금까지 주로 API 후킹의 방법을 활용한 안드로이드 애플리케이션 동적 분석 방법에 대해서 살펴봤다. 개발을 해야 하는 부분이 많이 있지만, 해킹을 못하는 개발자는 많아도 개발을 못하는 해커는 존재하지 않는다는 말처럼, 필요한 도구나 오픈 소스를 적절히 활용한다면 안드로이드 애플리케이션 동적 분석 및 역공학(리버스 엔지니어링)에 많은 도움이 될 것이라 확신한다. 반복적으로 연습해 자신의 것으로 만들자. 앞의 예제코드는 https://github.com/AcornPublishing/android-reverse/의 실습파일08을 참고한다.

6장

안드로이드 앱(APK) 디버깅

6.1 GDB를 이용한 안드로이드 원격 디버깅

GDB^{Gnu Debugger}는 1988년 리처드 스톨만이 처음 작성한 것으로 무료로 배포되는 디버거다. 다양한 유닉스 기반의 시스템에서 동작하는 이식성 있는 디버거로 C, C++, 포트란, x86, x64, ARM, MIPS, PowerPC 등 다양한 언어와 아키텍처를 지원한다. GDB는 임베디드 시스템을 디버깅할 때 사용하는 '원격' 모드를 지원하며 사용법은 gdbserver 등을 이용해서 임베디드 시스템에서 바이너리를 실행시키고 다른 머신에서 GDB를 이용해 TCP/IP를 통해서 gdbserver에 연결한 후 원격으로 디버깅하는 것이다.

안드로이드 환경에서 GDB를 이용하기 위해서는 아래의 과정을 따라야 한다. 첫 번째로 할 일은 adb를 이용해 안드로이드 기기에 접속하는 것이다.

6.1.1 ADB를 이용한 안드로이드 기기 접속

우선 여러 작업을 하기 위해서 필요한 작업은 루팅^{ROOTING}이다. 루팅 후 안드로이드 기본 환경에서는 없는 여러 명령을 사용하기 위해 BusyBox를 설치해야 한다. 구글 플레이스토어에서 BusyBox로 검색하면 쉽게 다운로드할 수 있다. adb를 이용해서 shell 권한으로 안드로이드 기기에 접속한다. 접속 후 sdcard로 이동한다.

su를 입력해 최고 권한인 root 권한을 획득한다.

```
adb shell
cd sdcard
```

```
namdaehyeon@ubuntu: ~/Desktop
namdaehyeon@ubuntu:~/Desktop$ adb shell
shell@hammerhead:/ $ cd sdcard/
shell@hammerhead:/sdcard $ su
root@hammerhead:/mnt/shell/emulated/0 #
```

▲ 안드로이드 기기 접속 및 ROOT 권한 획득

tar ball을 이용해서 /system/lib 경로에 있는 모든 SO^{Shares Object} 파일을 /sdcard 경로로 복사할 것이다. BusyBox를 설치했으면 아래의 작업은 무리 없이 진행될 것이다. 라이브러리 백업을 시작해보자.

```
tar -zcvf /sdcard/SOBackup.tar.gz /system/lib
```

▲ 안드로이드 기기의 /system/lib의 공유 라이브러리 백업

이제 ADB를 이용해서 안드로이드 기기의 sdcard에 저장해놓은 SO^Shared Object 파일과 /system/bin/app_process 파일을 사용자 개인 컴퓨터로 가져와야 한다.

ADB^Android Debug Bridge의 명령어 중에서 `pull` 명령을 이용하면 위에 과정에서 `tar ball`로 만들어놓은 파일과 디버깅에 필요한 `app_process` 바이너리를 컴퓨터로 가져올 수 있다.

▲ 모바일 기기로부터 백업한 파일 및 바이너리 전송

다음으로 gdbserver를 안드로이드 기기에 전송해야 하므로 안드로이드 NDK를 설치해야 한다. 안드로이드 NDK 설치 방법은 5장을 참고한다.

안드로이드 NDK 설치 시 $NDK/prebuilt/android-arm/gdbserver 폴더에 디버깅에 필요한 gdbserver가 다음 그림과 같다.

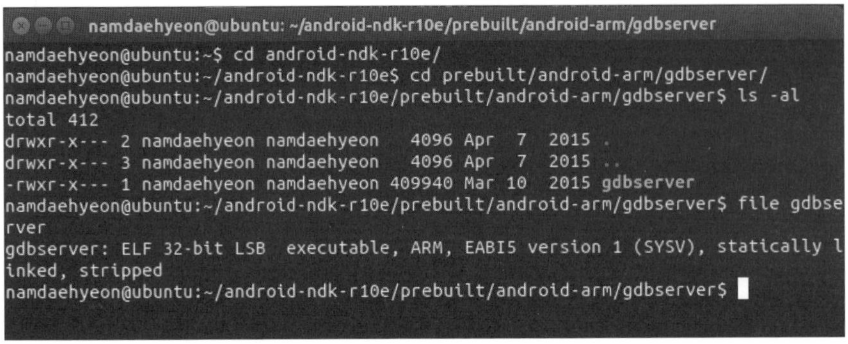

```
namdaehyeon@ubuntu: ~/android-ndk-r10e/prebuilt/android-arm/gdbserver
namdaehyeon@ubuntu:~$ cd android-ndk-r10e/
namdaehyeon@ubuntu:~/android-ndk-r10e$ cd prebuilt/android-arm/gdbserver/
namdaehyeon@ubuntu:~/android-ndk-r10e/prebuilt/android-arm/gdbserver$ ls -al
total 412
drwxr-x--- 2 namdaehyeon namdaehyeon   4096 Apr  7  2015 .
drwxr-x--- 3 namdaehyeon namdaehyeon   4096 Apr  7  2015 ..
-rwxr-x--- 1 namdaehyeon namdaehyeon 409940 Mar 10  2015 gdbserver
namdaehyeon@ubuntu:~/android-ndk-r10e/prebuilt/android-arm/gdbserver$ file gdbse
rver
gdbserver: ELF 32-bit LSB  executable, ARM, EABI5 version 1 (SYSV), statically l
inked, stripped
namdaehyeon@ubuntu:~/android-ndk-r10e/prebuilt/android-arm/gdbserver$
```

▲ 안드로이드 NDK 폴더에 이미 컴파일돼 있는 gdbserver

컴퓨터에서 안드로이드 기기로 파일을 전송하려면 push 명령을 사용하고, NDK 폴더에 이미 컴파일돼 있는 gdbserver를 안드로이드 기기에 전송하려면 다음과 같이 한다.

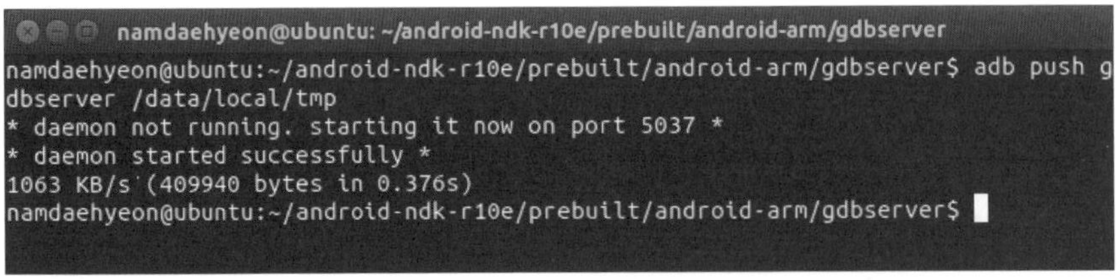

```
namdaehyeon@ubuntu: ~/android-ndk-r10e/prebuilt/android-arm/gdbserver
namdaehyeon@ubuntu:~/android-ndk-r10e/prebuilt/android-arm/gdbserver$ adb push g
dbserver /data/local/tmp
* daemon not running. starting it now on port 5037 *
* daemon started successfully *
1063 KB/s (409940 bytes in 0.376s)
namdaehyeon@ubuntu:~/android-ndk-r10e/prebuilt/android-arm/gdbserver$
```

▲ adb를 이용해서 gdbserver 안드로이드 기기에 전송

/data/local/tmp 영역은 모든 USER가 접근할 수 있는 영역이다. 안드로이드 초기 버전인 진저브레이드부터 권한 상승을 할 때 Exploit을 /data/local/tmp 영역으로 복사 후 Exploit을 실행시켰던 것을 기억하는 독자도 있을 것이다.

디버깅을 위해 gdbserver 바이너리를 어느 영역에 넣어도 상관은 없다. /system/ bin/ 영역으로 복사하고 싶다면 root 권한을 획득하기 전에 해두어야 한다. 권한 획득 후에는 /system이 read-only로 마운트되므로 복사할 수 없다. 따라서 복사 하기 전에 /system 영역을 읽고 쓸 수 있도록 변경해야 한다.

```
mount -o rw,remount /system
```

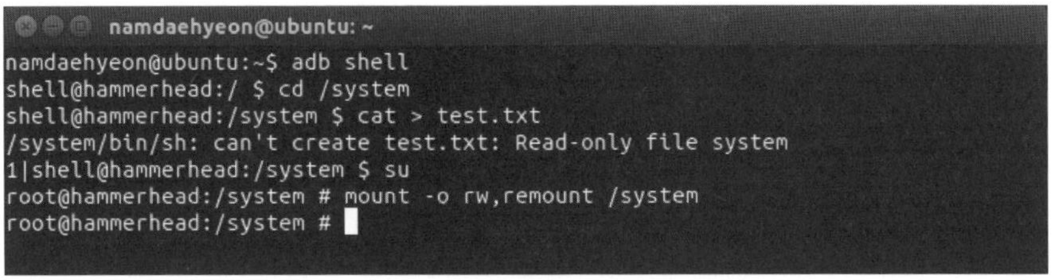

▲ /system 영역을 읽고 쓸 수 있도록 변경

이렇게 RW^Read-Write 권한으로 변경 후 gdbserver를 /system/bin에 복사하면 된 다. /system/bin에 gdbserver를 복사해 넣었다면 gdbserver 명령으로 사용 할 수 있고, 그렇지 않고 /data/local/tmp 영역에서 다음과 같은 명령어를 이용 해 gdbserver를 실행시킨다. gdbserver를 사용하려면 root 권한이 필요하다. gdbserver의 사용법은 다음과 같다.

```
gdbserver   :임의의 포트번호  - -attach 디버깅하고 싶은 프로세스 ID
```

▲ gdbserver 실행

위의 그림에서 PID 값이 28779인 프로세스를 디버깅할 것이고, 원격에서 gdb를 이용해 접속하기 위해서는 2345번 포트를 이용해야 함을 나타내는 것이다.

앞서 우리는 so.tar.gz 파일과 함께 /system/bin/에 있는 app_process 바이너리를 모바일 기기에서 컴퓨터로 복사했다.

안드로이드 기기에서 받아온 so.tar.gz 파일을 압축 해제한다. 압축 해제 방법은 tar ball을 이용해서 -xvf 옵션을 추가하면 되며 명령어는 다음과 같다.

```
tar -xvf so.tar.gz
```

▲ NDK 경로에 so.tar.gz 파일 압축 해제

디버깅을 시작하기 전에 달빅 런타임 안드로이드환경에서 애플리케이션이 실행되는 과정을 살펴보면, 안드로이드 환경은 app_process를 이용해서 Dalvik VM을 실행시키고 zygote를 초기화한다. 이러한 과정을 거치는 이유는 서로 다른 앱(APP)을 실행시킬 때마다 Dalvik VM을 실행시킬 필요 없이 zygote만을 fork함으로써 실행 속도를 향상시킬 수 있기 때문이다.

다음 표에서 zygote의 PID는 218이고 그 밑으로 u0_a8, u0_a27, u0a129 등 사용자의 PID 값은 다 다른 것을 확인할 수 있을 것이다.

하지만 PPID 값은 218로 전부 동일함을 확인할 수 있는데, 이는 zygote에 의해서 실행됐기 때문이다.

```
ps 명령을 이용한 PID PPID확인

system    214   185    15288   396      S  /system/bin/qseecomd
root      218   1      1488764 39704    S  zygote
root      265   2      0       0        D  msm_thermal:hot
. . .
u0_a8     17888 218    1788536 70936    S  com.google.android.gms
u0_a27    18125 218    1629080 57796    S  com.google.android.talk
u0_a129   18440 218    1533148 48224    S  org.telegram.messenger
```

이러한 이유로 우리가 GDB, gdbserver를 이용해서 원격 디버깅을 하기 위해서는 app_process에 gdb를 붙이고 디버깅해야 한다.

▲ gdb 바이너리 심볼릭 링크 처리

이제 NDK 경로에 저장된 toolchain에서 ARM용 gdb를 실행시켜야 한다. gdb를 이용해서 앞서 복사한 모바일 기기로부터 복사해온 app_process를 실행시킨다.

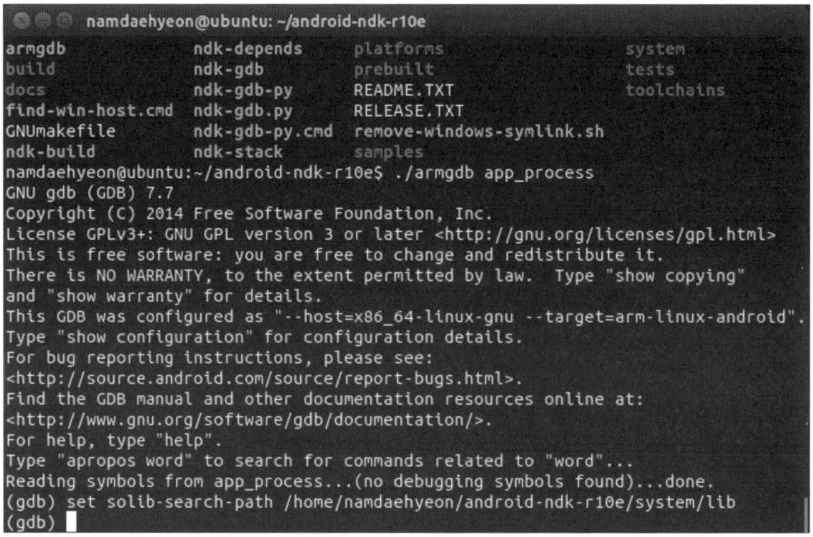

```
namdaehyeon@ubuntu: ~/android-ndk-r10e
armgdb            ndk-depends       platforms                    system
build             ndk-gdb           prebuilt                     tests
docs              ndk-gdb-py        README.TXT                   toolchains
find-win-host.cmd ndk-gdb.py        RELEASE.TXT
GNUmakefile       ndk-gdb-py.cmd    remove-windows-symlink.sh
ndk-build         ndk-stack         samples
namdaehyeon@ubuntu:~/android-ndk-r10e$ ./armgdb app_process
GNU gdb (GDB) 7.7
Copyright (C) 2014 Free Software Foundation, Inc.
License GPLv3+: GNU GPL version 3 or later <http://gnu.org/licenses/gpl.html>
This is free software: you are free to change and redistribute it.
There is NO WARRANTY, to the extent permitted by law.  Type "show copying"
and "show warranty" for details.
This GDB was configured as "--host=x86_64-linux-gnu --target=arm-linux-android".
Type "show configuration" for configuration details.
For bug reporting instructions, please see:
<http://source.android.com/source/report-bugs.html>.
Find the GDB manual and other documentation resources online at:
<http://www.gnu.org/software/gdb/documentation/>.
For help, type "help".
Type "apropos word" to search for commands related to "word"...
Reading symbols from app_process...(no debugging symbols found)...done.
(gdb) set solib-search-path /home/namdaehyeon/android-ndk-r10e/system/lib
(gdb)
```

▲ ARM GDB로 app_process 실행

위 그림처럼 GDB가 실행됐다면 가장 먼저 디버깅 시 필요한 라이브러리를 어떻게 경로에서 찾을지 설정해야 한다. set이라는 명령을 이용해서 solib-search-path 변수에 안드로이드 기기에서 가져와 압축해제한 공유 라이브러리$^{Shared Object Library}$ 경로를 설정한다.

이 과정이 필요한 이유는 Native 라이브러리에서 안드로이드 기기에만 존재하는 라이브러리를 필요로 하기 때문에 NDK 경로의 /system/lib 폴더에 안드로이드 기기에서 추출한 라이브러리 경로를 설정해야 하는 것이다.

Solib 검색 경로 설정

set solib-search-path /home/namdaehyeon/android-ndk-r10e/system/lib/

▲ solib-search-path 경로 설정

다음으로 안드로이드 기기와 개인 컴퓨터 간 TCP 통신을 하기 위해서 adb의 forward 명령을 이용해서 tcp 포트 2345번 포트를 포워딩해야 하며, 다음 그림과 같이 입력한다.

```
adb forward tcp:2345 tcp:2345
```

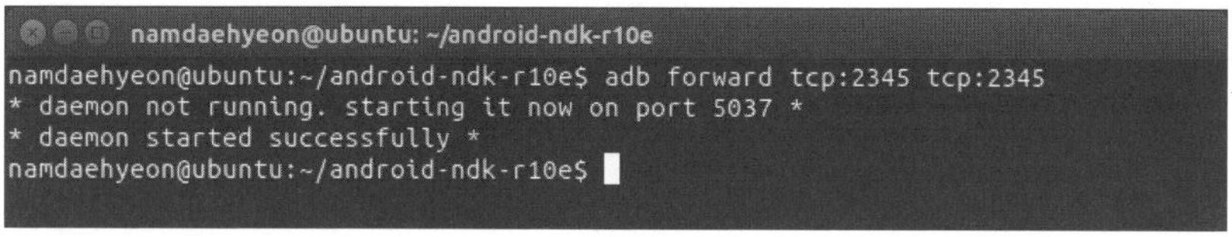

▲ tcp 포워드

이제 새로운 터미널 창을 생성하고 모바일 기기에 접속해 어태치하고 싶은 PID(프로세스 아이디)를 다음 그림과 같이 gbdserver에 어태치한다.

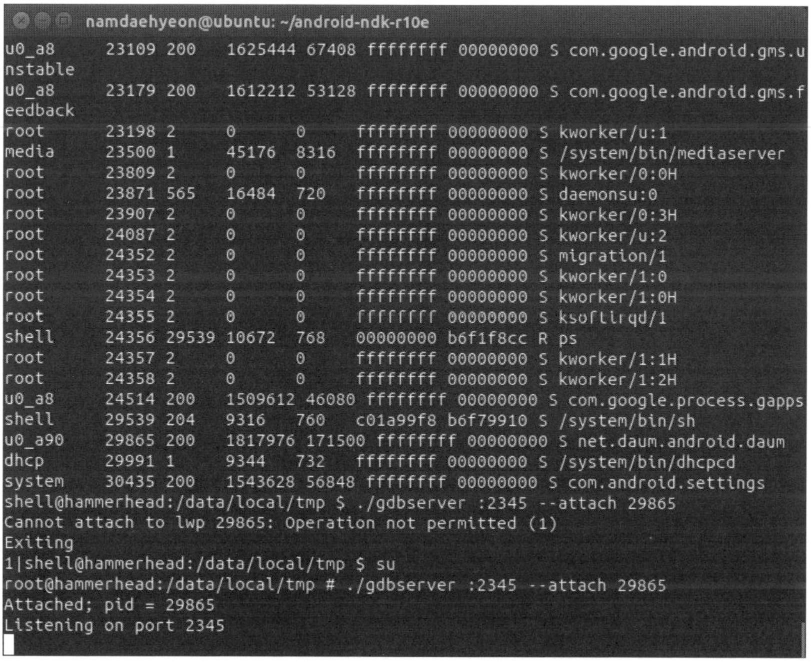

▲ 모바일 기기에서 gdbserver를 실행해 원하는 PID 어태치

위 그림에서 원격에서 gdb를 이용해 2345번 포트로 접속하면 29865 프로세스에 어태치할 수 있다.

위의 터미널 창을 활성화시키고 NDK 경로로 이동한다.

▲ armgdb라는 이름으로 gdb가 심볼릭 링크

▲ gdb로 app_process 실행

▲ 원격지의 tcp:2345번 포트로 리모트 디버깅 시작

gdb를 이용해서 app_process를 실행시켰고, 안드로이드 기기에서 복사한 라이브 러리가 저장된 ~/android-ndk-r10e/system/lib/ 경로에서 so라이브러리를 찾 도록 위 그림처럼 set solib-search-path 값을 /home/namdaehyeon/android-ndk-r10e/system/lib/로 지정했다. 이제 tcp 포트 2345번으로 원격 디버깅을

시작하겠다는 의미인 `target remote :2345` 명령을 입력하면 원격 디버깅이 시작된다.

디버깅이 시작됐을 때 gdb 창에 다음 명령을 입력하면 so 파일들이 로딩된 경로를 확인할 수 있다.

```
info sharedlibrary
```

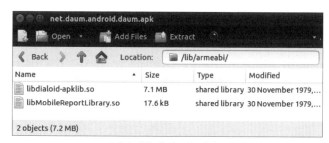

```
namdaehyeon@ubuntu: ~/android-ndk-r10e
<return> to quit---
b/libaudioeffect_jni.so
0xaab99d2c  0xaab9c67c  Yes (*)    /home/namdaehyeon/android-ndk-r10e/system/lib/librs_jni.so
            No         libgsl.so
            No         libadreno_utils.so
            No         libEGL_adreno.so
            No         libGLESv1_CM_adreno.so
            No         libGLESv2_adreno.so
0xaa93b658  0xaa93e384  Yes (*)    /home/namdaehyeon/android-ndk-r10e/system/lib/libandroid.so
0xaa92d480  0xaa9300e4  Yes (*)    /home/namdaehyeon/android-ndk-r10e/system/lib/libcompiler_rt.so
0xaa928510  0xaa9286c0  Yes (*)    /home/namdaehyeon/android-ndk-r10e/system/lib/libjnigraphics.so
0xaa9256c8  0xaa925ad0  Yes (*)    /home/namdaehyeon/android-ndk-r10e/system/lib/libwebviewchromium_loader.so
0xa507da6c  0xa633e730  Yes (*)    /home/namdaehyeon/android-ndk-r10e/system/lib/libwebviewchromium.so
0xb47fa000  0xb47fa60c  Yes (*)    /home/namdaehyeon/android-ndk-r10e/system/lib/libwebviewchromium_plat_support.s
o
            No         eglsubAndroid.so
            No         libsc-a3xx.so
            No         libMobileReportLibrary.so
---Type <return> to continue, or q <return> to quit---
0xa0405e10  0xa0406a88  Yes (*)    /home/namdaehyeon/android-ndk-r10e/system/lib/libqdutils.so
0xa0b892d4  0xa0b89fe0  Yes (*)    /home/namdaehyeon/android-ndk-r10e/system/lib/libmemalloc.so
            No         gralloc.msm8974.so
(*): Shared library is missing debugging information.
(gdb)
```

▲ gdb를 이용한 원격 디버깅 시작

위 그림에서 libMobileReportLibrary.so 라이브러리는 심볼을 읽지 못했다는 표시로 `libMobileReportLibrary.so` 앞에 No라고 돼 있다. 이런 경우는 앱이 자체적으로 사용하고 있는 라이브러리인 경우가 많다. 이런 경우는 앱 안에 lib 폴더에 있는 공유 라이브러리를 안드로이드 시스템 라이브러리를 NDK 폴더로 옮긴 것처럼 NDK 폴더 내의 /system/lib/ 폴더에 옮겨주면 된다.

Name	Size	Type	Modified
libdialoid-apklib.so	7.1 MB	shared library	30 November 1979,…
libMobileReportLibrary.so	17.6 kB	shared library	30 November 1979,…

net.daum.android.daum.apk
Location: /lib/armeabi/
2 objects (7.2 MB)

▲ 디버깅 대상 앱의 공유 라이브러리

위 그림에서 보듯이 디버깅 대상 앱의 라이브러리 폴더에는 위에서 언급한 libMobileReportLibrary.so를 확인할 수 있다.

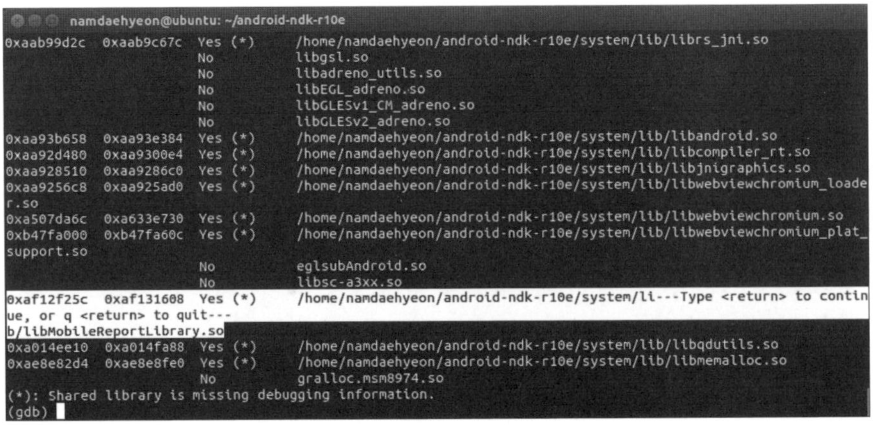

```
●●● namdaehyeon@ubuntu: ~/android-ndk-r10e
0xaab99d2c  0xaab9c67c  Yes (*)    /home/namdaehyeon/android-ndk-r10e/system/lib/librs_jni.so
                        No         libgsl.so
                        No         libadreno_utils.so
                        No         libEGL_adreno.so
                        No         libGLESv1_CM_adreno.so
                        No         libGLESv2_adreno.so
0xaa93b658  0xaa93e384  Yes (*)    /home/namdaehyeon/android-ndk-r10e/system/lib/libandroid.so
0xaa92d480  0xaa9300e4  Yes (*)    /home/namdaehyeon/android-ndk-r10e/system/lib/libcompiler_rt.so
0xaa928510  0xaa9286c0  Yes (*)    /home/namdaehyeon/android-ndk-r10e/system/lib/libjnigraphics.so
0xaa9256c8  0xaa925ad0  Yes (*)    /home/namdaehyeon/android-ndk-r10e/system/lib/libwebviewchromium_loade
r.so
0xa507da6c  0xa633e730  Yes (*)    /home/namdaehyeon/android-ndk-r10e/system/lib/libwebviewchromium.so
0xb47fa000  0xb47fa60c  Yes (*)    /home/namdaehyeon/android-ndk-r10e/system/lib/libwebviewchromium_plat_
support.so
                        No         eglsubAndroid.so
                        No         libsc-a3xx.so
0xaf12f25c  0xaf131608  Yes (*)    /home/namdaehyeon/android-ndk-r10e/system/li---Type <return> to contin
ue, or q <return> to quit---
b/libMobileReportLibrary.so
0xa014ee10  0xa014fa88  Yes (*)    /home/namdaehyeon/android-ndk-r10e/system/lib/libqdutils.so
0xae8e82d4  0xae8e8fe0  Yes (*)    /home/namdaehyeon/android-ndk-r10e/system/lib/libmemalloc.so
                        No         gralloc.msm8974.so
(*): Shared library is missing debugging information.
(gdb)
```

▲ 대상앱의 공유 라이브러리를 옮긴 후 정보

대상 앱의 공유 라이브러리를 NDK 폴더로 옮긴 후 다시 디버깅을 시작해 로딩된 정보를 확인해보면 심볼을 읽은 것을 위 그림에서 확인할 수 있다.

이제 원하는 지점에 브레이크 포인트를 설정하고 앱을 실행해가며 디버깅한다.

참고 GNU 디버거에 관한 내용은 https://ko.wikipedia.org/wiki/GNU_%EB%94%94%EB%B2%84 %EA%B1%B0를 참고한다.

6.2 IDA Pro를 이용한 APK 디버깅

IDA는 해커, 리버서, 보안전문가 사이에 표준으로 여길 정도로 바이너리 분석, 리버싱에 두루 사용되는 도구다. IDA Pro 6.6부터 안드로이드 환경의 동적 디버깅을 지원하기 시작했다. Hex-ray 사에서는 ADT^Android Developer Tool 번들을 필요로 하지 않고 단지 SDK만을 설치하기를 권고하고 있는데 SDK가 필요한 이유는 IDA가 adb를 사용하고 있기 때문이다. 안드로이드 SDK는 http://developer.android.com/sdk에서 다운로드할 수 있다.

6.2.1 환경 변수 설정

환경 변수의 설정이 필요한데 ANDROID_SDK_HOME, ANDROID_HOME의 환경 변수가
필요하다.

6.2.2 앱 설치

앱 설치는 안드로이드 SDK 설치할 때 ADB 또는 인터넷에 ADB[Android Debug Bridge]
애플리케이션 패키지를 이용해서 앱을 설치할 수 있다.

```
Hex-Ray 사에서 제공하는 MyFirstApp.apk 앱 설치

namdaehyeon@Ubuntu:~$ adb install MyFirstApp.apk
* daemon not running. starting it now on port 5037 *
* daemon started successfully *
2607 KB/s (279955 bytes in 0.104s)
pkg: /data/local/tmp/MyFirstApp.apk
Success
```

디버깅을 위해서 IDA를 이용해서 위에서 설치했던 MyFirstApp.apk를 열어야 한다.
IDA의 **Open** 메뉴를 선택하고 안드로이드 앱의 실행파일 classes.dex를 선택한다.

▲ IDA를 이용해서 MyFirstApp.apk 열기

APK의 실행파일에 해당하는 classes.dex 파일을 열었다면 디버깅을 위한 설정이 필요하다.

IDA의 메뉴에서 Debugger 메뉴를 클릭하고 세부메뉴에서 Debugger Options··· 항목을 선택하면 다음 그림과 같이 Debugger setup 창이 나타난다. 우측 하단의 Set specific options 버튼을 클릭한다.

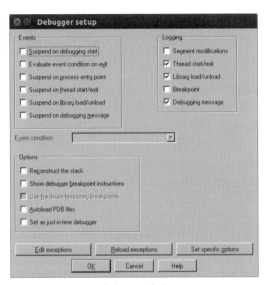

▲ Debugger Option

다음 그림과 같이 Dalvik debugger configuration이라는 설정 창이 나타난다.

설정이 필요한 곳은 IDA Pro 6.8 기준으로 현재 2곳이다. IDA 6.8 이전 버전에 대해서는 아래에서 다시 설명할 예정이니 IDA 6.8 사용자는 아래의 내용을 참고하자.

Android SDK를 설치했다면 /android-sdk/platform-tools/ 경로에 adb 바이너리 파일이 존재한다. 다음 그림에서 ADB executable 텍스트 상자에는 기 설치했던 SDK 경로의 /platform-tools/adb 바이너리 파일을 선택한다.

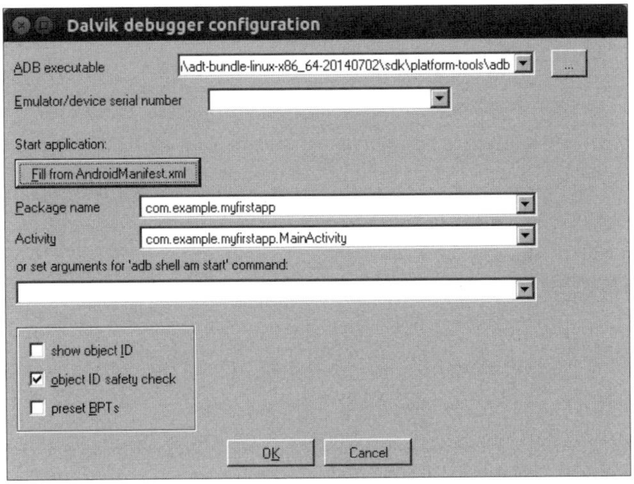

▲ IDA 6.8의 설정 환경

이전의 버전과는 다르게 IDA 6.8부터 생긴 기능 중 하나가 Fill from AndroidManifest. xml 버튼이다. APK 디버깅 기능이 지원됐던 IDA v6.6에서는 Activity를 입력하는 것이 어려웠다. 어떤 것을 입력해야 할지, AndroidManifest.xml 파일에 정의돼 있는 것들 중 어느 것을 넣어야 하는지, 실제 classes.dex에 있는 것들을 넣어야 하는지 혼란스러웠다. 이것 때문에 IDA 버전 6.8에 Fill from AndroidManifest. xml 버튼을 만들었다. 디버깅을 하기 위해 열었던 APK로부터 IDA가 자동으로 Package name 값과, Activity 값을 찾아서 넣어주도록 변경됐다.

IDA 6.8 버전을 사용하시는 분들은 Fill from AndroidManifest.xml 버튼을 클릭해 설정해주면 된다. IDA 6.6 사용자의 경우도 ADB executable의 경로는 sdk의 adb 바이너리 경로를 지정해주면 되고, Package name, Activity 값은 다음 그림을 참조해서 넣으면 된다.

```
<?xml version="1.0" encoding="utf-8">
<manifest android:versionCode="1" android:versionName="1.0" package="com.example.myfirstapp" xmlns:android="http://sche
    <uses-sdk android:minSdkVersion="17" android:targetSdkVersion="19" />
    <application android:allowBackup="true" android:debuggable="true" android:icon="@drawable/ic_launcher" android:labe
        <activity android:label="@string/app_name" android:name="com.example.myfirstapp.MainActivity">
            <intent-filter>
                <action android:name="android.intent.action.MAIN" />
                <category android:name="android.intent.category.LAUNCHER" />
            </intent-filter>
        </activity>
        <activity android:label="@string/title_activity_display_message" android:name="com.example.myfirstapp.DisplayMe
            <meta-data android:name="android.support.PARENT_ACTIVITY" android:value="com.example.myfirstapp.MainActivit
        </activity>
    </application>
</manifest>
```

▲ 안드로이드 Manifest.xml

위 그림은 APK 안에 퍼미션이나 최소 SDK 버전 activity, scheme 같은 정보가
기록돼 있는 안드로이드 Manifest.xml 파일이다.

Package name은 상단에 package= 다음의 com.example.myfirstapp 값을 넣어
주면 되고, Activity는 <activity로 시작되고 android:name= 다음의 값을 넣어
주면 된다.

6.2.3 디버깅 시작

위 그림과 같이 설정을 마쳤으면 디버깅할 시간이다. Hex-Ray 사에서 샘플로 제
공한 APK를 리버싱해보자. 위에서 이미 앱 설치를 마쳤으므로, 간단히 살펴보고
넘어가자.

```
Hex-Ray 사에서 제공하는 MyFirstApp.apk 앱 설치

namdaehyeon@Ubuntu:~$ adb install MyFirstApp.apk
* daemon not running. starting it now on port 5037 *
* daemon started successfully *
2607 KB/s (279955 bytes in 0.104s)
pkg: /data/local/tmp/MyFirstApp.apk
Success
```

adb install <apk> 명령을 이용해서 앱을 설치했다.

설치가 완료된 앱을 실행시켜 보자.

▲ 앱 설치 후 실행

입력을 위한 텍스트필드와 버튼이 있고, 메시지를 작성하고 **Send** 버튼을 누르면 `DisplayMessageActivity`가 호출돼 메시지가 표시된다.

IDA로 돌아와 화면 좌측의 `Function name` 부분에서 브레이크 포인트를 설정해 확인하고자 하는 Activity를 찾는다. 컴파일 시 앱에 필요한 다양한 라이브러리가 같이 컴파일되기 때문에 많은 클래스가 존재한다. IDA Function name 부분에서 하단으로 스크롤을 내려보면 Main Activity가 있고, DisplayMessageActivity가 있다.

Main Activity에 있는 SendMessage가 클릭됐을 때 변수에 어떤 값들이 있는지 확인하기 위해서 `MainActivity_sendMessage` 함수에서 3E 위치(MainActivity_sendMessage+3E)에 BreakPoint를 건다. 부분 어디에든 BreakPoint를 설정해도 된다. 다만 리버싱에 익숙해지기 위해서 보통 API 함수에 BreakPoint를 설정하고 디버깅을 연습한다. 항상 API 함수에 BreakPoint를 설정하는 것도 아니며, 리턴되기 직전, 분기직전 등 다양하게 BreakPoint를 설정한다. 이 부분은 리버싱에 익숙해지면 자연스럽게 터득하게 된다.

다음 그림에서 MainActivity_sendMessage+3E에 BreakPoint를 설정했는데 이는 리턴되는 값을 확인하기 위함이다.

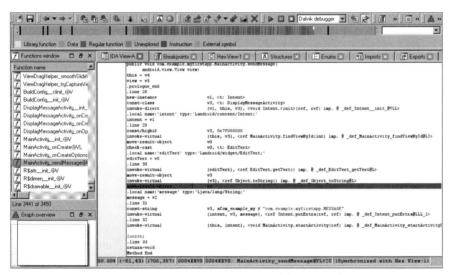

▲ 디버깅 정보를 확인하고 싶은 위치에 브레이크 포인트 설정

브레이크 포인트를 걸고 녹색 아이콘을 클릭해 디버깅을 시작한다. 이때 디버거는 Dalvik debugger를 선택해야 한다.

▲ 디버깅 아이콘

디버깅 시작 버튼을 누르면 권한 없는 코드 실행이 될 수 있다는 경고 창이 나타나는데 YES를 눌러 계속 진행한다.

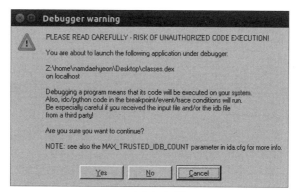

▲ 디비깅 경고창

계속 진행하면 소스코드를 찾고 있는데, 소스코드가 없기 때문에 Cancel 버튼을 계속해서 누른다.

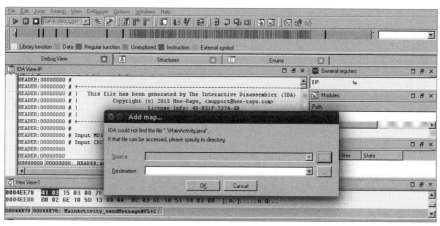

▲ 소스코드가 있다면 설정해주는 창

이제 Running이라고 표시된 작은 대화상자가 계속 떠있는 화면이 보인다. 이는 위에서 IP^Instruction Pointer가 브레이크 포인트를 설정한 MainActivity_send Message+3E에 도달하지 못했기 때문이다.

안드로이드 기기로 가서 앱을 계속 실행한다. 메시지를 입력하는 곳에 텍스트 ffffff 를 입력하고 Send 버튼을 클릭한다.

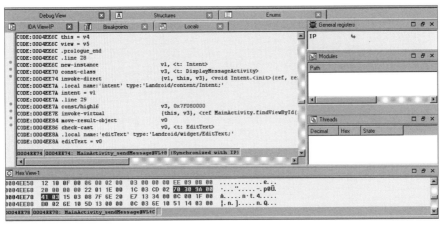

▲ 최초 디비깅 시작

Send 버튼을 누르면 IDA가 다음 그림과 같이 멈춘다.

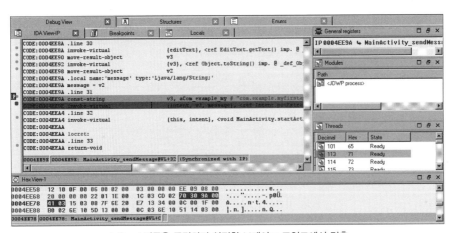

▲ Send 버튼을 클릭하면 설정한 브레이크 포인트에서 멈춤

이제 위에서 설정한 브레이크 포인트에 도달해서 멈춘 것이다.

이러면 Debugger > Debugger Window 메뉴 항목을 선택하면 다음 그림처럼 여러 항목이 나타난다. 그중에서 Locals를 선택하면 디버깅 창에 Locals라는 또 다른 창이 생성된다.

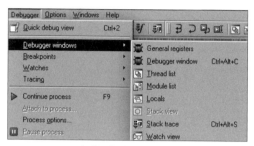

▲ 로컬 메뉴가 있는 Debugger 메뉴

새롭게 생성된 탭을 선택하면 우리가 입력한 값들과, 각 객체의 값들을 확인할 수 있다. 이렇게 IDA는 6.6부터 안드로이드 앱을 대상으로 원하는 지점에 브레이크 포인트를 걸어 객체의 값을 확인해가며 디버깅할 수 있는 환경을 제공한다.

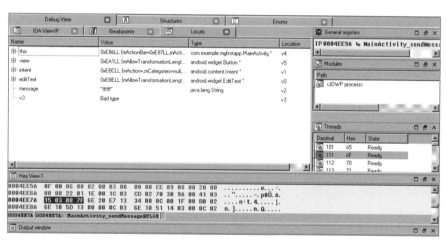

▲ MainActivitySendMessage 함수의 객체 정보

이게 간단한 앱을 실제 디버깅해봄으로써 리버스 엔지니어링에 흥미를 더해갈 시간이다. 이어서 실제 작은 앱을 만들어서 리버싱해보자.

6.2.4 문제 해결

Android SDK 안의 adb를 알맞게 설정했음에도 불구하고 5036번 포트로 디버깅할 수 없다는 문구가 보이면 기기를 PC와 연결하고 `adb devices`를 입력해주면 정상적으로 될 것이다.

```
namdaehyeon@Ubuntu:~$ adb devices
* daemon not running. starting it now on port 5037 *
* daemon started successfully *
List of devices attached
052fc6302527240b device

namdaehyeon@Ubuntu:~$
```

6.3 IDA Pro를 이용한 classes.dex와 공유 라이브러리 디버깅

이번 챕터 역시 안드로이드 앱 디버깅에 대해서 공부할 예정이다. 지난 챕터에서는 자비코드인 classes.dex의 디버깅하는 예제와 실습을 했다면 오늘은 자바코드인 classes.dex와 C, C++코드인 jni 공유 라이브러리를 동시에 리버싱하는 방법에 대해서 알아볼 예정이다.

6.3.1 환경 변수 등록확인

시작에 앞서 Hex-Ray사에서 소스코드를 제공하고 있으며 링크는 다음과 같다.

http://www.hexblog.com/wp-content/uploads/2014/07/dalvik_blog_
hellojni.zip

다운로드한 소스코드를 압축 해제한다.

6.3.2 Android NDK 설치

다운로드한 소스코드를 컴파일을 하기 위해서는 android ndk를 설치해야 한다.

브라우저를 열어 http://developer.android.com/ndk/index.html로 접속한다. 화면 위쪽에 **Downloads** 항목을 클릭하면 플랫폼 별로 ndk를 다운로드할 수 있는 링크가 있다. 나는 현재 작업하고 있는 환경이 우분투 14.04 64bit환경이기 때문에 android-ndk-r10e-linux-x86_64.bin를 다운로드했다.

다운로드 완료된 경로로 이동하고, android-ndk-r10e-linux-x86_64.bin 파일을 찾는다. 이 책의 다운로드 경로는 ~/Download다.

```
chmod +x android-ndk-r10e-linux-x86_64.bin
```

위의 명령을 이용해서 다운로드한 바이너리 파일에 실행 권한을 줬다. 그 후에 프로그램을 실행시키는 것처럼 입력하면 된다.

```
./android-ndk-r10e-linux-x86_64.bin
```

입력 후 바이너리가 실행되면서 android-ndk-r10e-linux-x86_64.bin이 있는 경로에 android-ndk-r10e의 폴더가 생성되고 압축이 풀린다. 이제 아래의 명령어를 입력해서 홈디렉터리로 경로를 변경한다.

```
mv android-ndk-r10e ~/
```

6.3.3 환경 변수 등록

우분투 14.04기준으로 /home/사용자이름/.bashrc 파일을 vi, nano같은 편집기로 열어 환경 변수를 자동으로 등록해 줄 수 있다.

~/.bashrc 파일의 하단에 다음과 같이 환경 변수를 등록한다.

```
export PATH=$PATH:/home/namdaehyeon/android-ndk-r10e
export PATH=$PATH:/home/namdaehyeon/adt-bundle-linux-x86_64-20140702/
sdk/platform-tools
```

위의 항목 중에서 namdaehyeon은 현재 사용 중인 사용자 이름이다. 각자의 사용자 이름을 넣어줘야 한다. 등록하는 김에 adb 명령을 쉽게 사용하기 위해서 sdk/platform-tools 경로도 등록한다. 저장 후 아래의 명령을 실행한다.

```
source ~/.bashrc
```

6.3.4 컴파일

다운로드 해 압축을 풀었던 hellojin 폴더로 가서 컴파일을 시도한다. 컴파일은 다음 명령어를 이용한다.

```
ndk-build -B
ndk-build NDK_DEBUG=1
```

환경 변수가 잘 등록됐다면 컴파일이 잘 될 것이다.

컴파일 시작

```
namdaehyeon@Ubuntu:~/Desktop/hellojni$ ndk-build NDK_DEBUG=1
[arm64-v8a] Gdbserver      : [aarch64-linux-android-4.9] libs/arm64-
v8a/gdbserver
[arm64-v8a] Gdbsetup       : libs/arm64-v8a/gdb.setup
[x86_64] Gdbserver    : [x86_64-4.9] libs/x86_64/gdbserver
[x86_64] Gdbsetup     : libs/x86_64/gdb.setup
[mips64] Gdbserver    : [mips64el-linux-android-4.9] libs/mips64/
gdbserver
[mips64] Gdbsetup     : libs/mips64/gdb.setup
[armeabi-v7a] Gdbserver       : [arm-linux-androideabi-4.8] libs/
armeabi-v7a/gdbserver
```

```
[armeabi-v7a] Gdbsetup       : libs/armeabi-v7a/gdb.setup
[armeabi] Gdbserver      : [arm-linux-androideabi-4.8] libs/armeabi/
gdbserver
[armeabi] Gdbsetup        : libs/armeabi/gdb.setup
[x86] Gdbserver       : [x86-4.8] libs/x86/gdbserver
[x86] Gdbsetup        : libs/x86/gdb.setup
[mips] Gdbserver      : [mipsel-linux-android-4.8] libs/mips/gdbserver
[mips] Gdbsetup       : libs/mips/gdb.setup
[arm64-v8a] SharedLibrary  : libhello-jni.so
[arm64-v8a] Install       : libhello-jni.so => libs/arm64-v8a/
libhello-jni.so
[x86_64] SharedLibrary  : libhello-jni.so
[x86_64] Install        : libhello-jni.so => libs/x86_64/libhello-jni.
so
[mips64] SharedLibrary  : libhello-jni.so
[mips64] Install        : libhello-jni.so => libs/mips64/libhello-jni.
so
[armeabi-v7a] SharedLibrary  : libhello-jni.so
[armeabi-v7a] Install       : libhello-jni.so => libs/armeabi-v7a/
libhello-jni.so
[armeabi] SharedLibrary  : libhello-jni.so
[armeabi] Install       : libhello-jni.so => libs/armeabi/libhello-
jni.so
[x86] SharedLibrary  : libhello-jni.so
[x86] Install       : libhello-jni.so => libs/x86/libhello-jni.so
[mips] SharedLibrary  : libhello-jni.so
[mips] Install       : libhello-jni.so => libs/mips/libhello-jni.so
```

APK를 생성하기 위해서 자바 베이스 make 툴인 ant를 이용해 컴파일한다.

```
ant debug
```

```
namdaehyeon@Ubuntu:~/Desktop/hellojni$ ant debug
Buildfile: /home/namdaehyeon/Desktop/hellojni/build.xml

BUILD FAILED
/home/namdaehyeon/Desktop/hellojni/build.xml:55: sdk.dir is missing.
Make sure to generate local.properties using 'android update project'
or to inject it through the ANDROID_HOME environment variable.

Total time: 0 seconds
namdaehyeon@Ubuntu:~/Desktop/hellojni$
```

컴파일 도중 ANDROID_HOME이라는 환경 변수가 등록돼 있지 않아 에러가 발생한다.

```
vi ~/.bashrc  또는 nano ~/.bashrc
```

환경 변수에 ANDROID_HOME 환경 변수를 추가한다.

```
export PATH=$PATH:/home/namdaehyeon/android-ndk-r10e
export PATH=$PATH:/home/namdaehyeon/android-sdk-linux/platform-tools

export ANDROID_HOME=/home/namdaehyeon/android-sdk-linux
```

현재 작업 중인 PC의 경우 안드로이드 SDK가 설치돼 있는 경로는 /home/namdaehyeon/android-sdk-linux/다.

.bashrc 파일 하단에 export ANDROID_HOME=/home/namdaehyeon/android-sdk-linux/를 입력한다. 위에서 했던 것처럼 저장 후 source ~/.bashrc를 입력해 입력한 환경 변수를 적용시킨다.

6.3.5 custom_rules.xml 수정

빌드에 앞서 hellojni 폴더 안의 custom_rules.xml 파일의 일부분을 수정한다. 빌드 후 마무리 작업을 하는 파일인 custom_rules.xml 파일에서 <exec로 시작해서 </exec>로 끝나는 부분을 삭제한다.

변경 전 custom_rules.xml

```xml
<?xml version="1.0" encoding="UTF-8"?>
<project name="hellojni" default="help">
<target name="-post-build">
<property name="result.apk" value="dalvik_api17_hellojni.apk" />

<exec executable="p4${exe}" failonerror="false" logError="true">
<arg value="edit" />
<arg path="${result.apk}" />
</exec>

<copy file="${out.final.file}" tofile="${result.apk}" overwrite="true"
verbose="true" />
</target>
</project>
```

변경 후 custom_rules.xml

```xml
<?xml version="1.0" encoding="UTF-8"?>
<project name="hellojni" default="help">
<target name="-post-build">
<property name="result.apk" value="dalvik_api17_hellojni.apk" />

<copy file="${out.final.file}" tofile="${result.apk}" overwrite="true"
verbose="true" />
</target>
</project>
```

이제 다시 빌드한다. 다음 명령을 각각 입력한다.

```
ndk-build clean
ndk-build NDK_DEBUG=1
ant debug
```

성공적으로 빌드됐다면 hellojni 폴더 안에 dalvik_api17_hellojni.apk 파일이 생성된다. 이것을 안드로이드 기기에 설치한다.

```
adb install -r dalvik_api17_hellojni.apk
```

다음 그림은 컴파일 후 설치한 앱을 실행한 화면이다.

▲ 실행 화면

6.3.6 두 개의 IDA 인스턴스 생성

자바로 생성된 달빅 코드와 C, C++로 생성된 공유 라이브러리 (.so)인 ARM 코드를 각각 디버깅할 것이다.

각각 디버깅하려면 두 개의 IDA 인스턴스를 생성해야 한다. IDA를 실행시킨 후 File 메뉴에서 New Instance를 클릭하면 새로운 인스턴스가 생성된다.

```
adb forward tcp:23946 tcp:23946
```

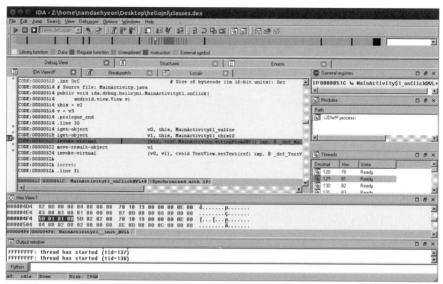

▲ 첫 번째 IDA는 Classes.dex를 로딩

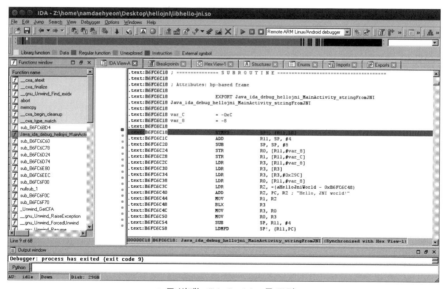

▲ 두 번째는 libhello-jni.so를 로딩

참고 http://www.hexblog.com/?m=201407

http://resources.infosecinstitute.com/guide-debugging-android-binaries/

6.4 IDA Pro를 이용한 JNI 공유 라이브러리 디버깅 방법 1

IDA Pro를 이용해서 공유 라이브러리를 디버깅하기 위해서는 GDB를 이용해 디버깅할 때와 같이 몇 가지 사전 작업 과정이 필요하다. 공유 라이브러리 디버깅에 앞서 환경 구축 및 IDA Pro 설정 방법을 알아보자.

6.4.1 환경 구축

IDA Pro 버전을 구입한 독자라면 프로그램을 설치 시 dbgsrv라는 폴더가 생성된다. 이 폴더에는 android, mac, linux, arm 등 다양한 환경의 디버거 서버들이 있고, 각 플랫폼에 맞는 서버를 이용하면 쉽게 디버깅할 수 있는 환경을 제공한다.

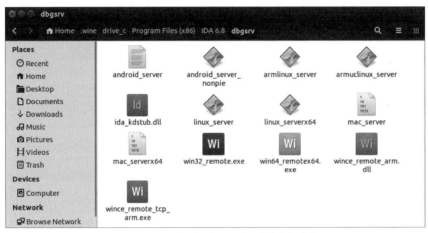

▲ Hex-ray 사가 제공하는 플랫폼별 디버거 서버

여러 디버거 서버들 중 android_server를 사용할 안드로이드 기기로 옮겨야 한다.

다음 그림처럼 adb를 이용해서 tmp 영역에 바이너리를 복사한다.

```
namdaehyeon@ubuntu: ~/Desktop
namdaehyeon@ubuntu:~/Desktop$ adb push android_server /data/local/tmp
1040 KB/s (523480 bytes in 0.491s)
namdaehyeon@ubuntu:~/Desktop$
```

▲ 모바일기기로 android_server 전송

이제 IDA Pro에서 디버깅을 시작할 때 필요한 안드로이드 라이브러리들 및 바이너리 등을 넣어 두고 사용할 디렉터리를 생성해야 한다.

나는 안드로이드 바이너리를 넣어 사용할 Android_bin 디렉터리, 안드로이드 so 라이브러리를 저장하기 위해 Android_lib, 기타 디버깅에 필요한 바이너리, SO 파일 리버스 엔지니어링을 하기 위한 Android_data_local_tmp 디렉터리 등 총 3개의 디렉터리를 생성했다. 그 결과는 다음과 같다.

```
namdaehyeon@ubuntu: ~/Desktop
namdaehyeon@ubuntu:~/Desktop$ mkdir Android_Reversing
namdaehyeon@ubuntu:~/Desktop$ mkdir Android_Reversing/Android_bin
namdaehyeon@ubuntu:~/Desktop$ mkdir Android_Reversing/Android_lib
namdaehyeon@ubuntu:~/Desktop$ mkdir Android_Reversing/Android_data_local_tmp
namdaehyeon@ubuntu:~/Desktop$ tree Android_Reversing/
Android_Reversing/
├── Android_bin
├── Android_data_local_tmp
└── Android_lib

3 directories, 0 files
namdaehyeon@ubuntu:~/Desktop$
```

▲ 필요한 디렉터리 생성

6.4.2 Linker 복사

이렇게 생성된 Android_bin 디렉터리에 안드로이드 기기 /system/bin/linker 바이너리를 복사해야 한다. adb를 이용해서 Android_bin 폴더에 linker를 다음과 같이 복사해 넣었다.

```
adb pull /system/bin/linker `pwd`
```

```
namdaehyeon@ubuntu: ~/Desktop/Android_Reversing/Android_bin
namdaehyeon@ubuntu:~/Desktop$ cd Android_Reversing/Android_bin/
namdaehyeon@ubuntu:~/Desktop/Android_Reversing/Android_bin$ adb pull /system/bin
/linker `pwd`
619 KB/s (92136 bytes in 0.145s)
namdaehyeon@ubuntu:~/Desktop/Android_Reversing/Android_bin$ ls -al
total 100
drwxrwxr-x 2 namdaehyeon namdaehyeon  4096 Dec  9 08:53 .
drwxrwxr-x 5 namdaehyeon namdaehyeon  4096 Dec  9 08:50 ..
-rw-r--r-- 1 namdaehyeon namdaehyeon 92136 Dec  9 08:53 linker
namdaehyeon@ubuntu:~/Desktop/Android_Reversing/Android_bin$
```

▲ linker 복사

6.4.3 공유 라이브러리 복사

안드로이드 기기의 /system/lib에 있는 공유 라이브러리를 복사해넣어야 한다. 우리는 앞서 GDB를 이용한 디버깅에서 공유 라이브러리를 NDK 폴더에 복사해 넣었다. 같은 방법으로 /system/lib에 있는 공유 라이브러리를 앞서 생성한 Android_lib 폴더에 넣거나, 이미 옮겨놓은 것이 있다면 폴더명을 Android_lib로 바꾸면 된다.

다시 한 번 설명하면 안드로이드 기기의 /system/lib에 있는 공유 라이브러리 파일들을 복사하는 방법은 /system/lib의 모든 파일을 tar ball로 압축한다.

```
tar -zcvf /sdcard/so.tar.gz /system/lib
```

▲ 안드로이드 기기의 /system/lib의 공유 라이브러리 백업

작업이 완료되면 /sdcard/so.tar.gz 파일을 PC로 옮긴다.

```
adb pull /sdcard/so.tar.gz  ~/Desktop/Android_Reversing/
```

옮겨지면 아래의 명령어로 압축을 푼다.

```
tar -xvf so.tar.gz
```

압축을 풀면 system 폴더 내 lib 폴더 안에 공유 라이브러리들이 생성되는데 lib
폴더를 Android_Reversing 폴더로 옮기고 lib라는 이름을 Android_lib로 변경하
면 된다.

▲ 공유 라이브러리를 옮긴 후 폴더

이제 위와 같은 파일이 존재한다면 기본 환경 구축은 완료됐다.

6.4.4 도구 개발

환경 구축 다음으로 우리는 so 파일에서 디버깅하고 싶은 함수를 쉽게 호출하기
위해서 별도의 프로그램을 개발할 것이다. 컴파일을 위해 이 과정은 NDK가 필요
하다. 우선 데스크탑에 calltest라는 이름의 폴더를 만든다.

```
mkdir ~/Desktop/calltest
```

6.4.5 Android.mk 파일 작성

빌드 과정에 필요한 여러 헤더들, 라이브러리 등을 선언해 놓고 쉽게 빌드할 수 있도록 하기 위해서 개발자들은 Makefile을 작성해서 사용한다. 여기에 필요한 실습 파일06은 https://github.com/AcornPublishing/android-reverse/에서 내려받을 수 있다.

빌드를 쉽게 하기 위해서 다음과 같은 내용으로 Andrond.mk 파일을 작성한다.

나는 편집기로 gedit를 사용하곤 하는데, 자신이 주로 사용하는 편집기가 있다면 그것을 사용해도 무관하다. 터미널 창에서 아래의 명령을 입력해 Makefile 파일을 작성할 것이다. Android.mk 파일을 만들기 전에 jni 디렉터리를 생성하고 jni디렉터리로 이동한다.

```
mkdir jni
cd jni
```

이동 했으면 Android.mk 파일을 만들어 보자.

```
gedit Android.mk
```

빈 파일이 생성되면 다음 그림과 같이 입력한다.

▲ Android.mk

258

- LOCAL_PATH := $(call my-dir): Android.mk 파일이 존재하는 디렉터리를 반환한다.

- include $(CLEAR_VARS): LOCAL_로 시작되는 변수의 값을 초기화하는 구문이다.

- LOCAL_SRC_FILES := calltest.c: 소스 파일 이름을 지정한다.

- LOCAL_C_INCLUDE := ${ANDROID_NDK_ROOT}/platforms/android-21/arch-arm/usr/include/:필요한 헤더 include 경로를 지정한다.

- LOCAL_MODULE := calltest: 생성할 파일의 이름이며 공백을 포함하면 안된다.

- LOCAL_MODULE_TAGS := optional

- LOCAL_CFLAGS += -pie -fPIE

  LOCAL_LDFLAGS += -pie -fPIE

  위의 값이 필요한 이유는 안드로이드에서 실행시키려면 PIE^{Position Independent Executables}옵션이 있어야 한다. 만약 위 플래그가 없다면 다음과 같은 에러가 발생한다.

  error: only position independent executables (PIE) are supported.

- APP_ABI := armeabi: 타겟 CPU를 설정한다.

이렇게 Android.mk 파일을 작성하고 저장한다.

이제 calltest.c 파일을 작성할 것이다. Android.mk 파일과 같은 방법으로 작성한다.

```
gedit calltest.c
```

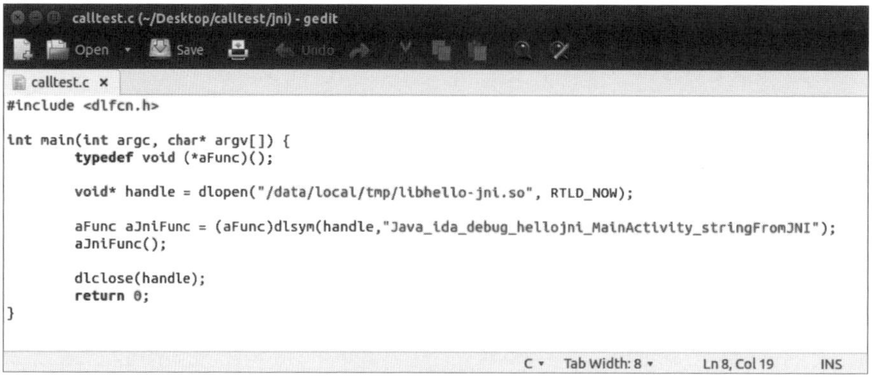

```
calltest.c (~/Desktop/calltest/jni) - gedit
Open  Save  Undo
calltest.c ×
#include <dlfcn.h>

int main(int argc, char* argv[]) {
        typedef void (*aFunc)();

        void* handle = dlopen("/data/local/tmp/libhello-jni.so", RTLD_NOW);

        aFunc aJniFunc = (aFunc)dlsym(handle,"Java_ida_debug_hellojni_MainActivity_stringFromJNI");
        aJniFunc();

        dlclose(handle);
        return 0;
}
C ▾   Tab Width: 8 ▾   Ln 8, Col 19   INS
```

▲ calltest.c

위 그림처럼 코드를 입력하고 저장한다. 이 코드의 역할은 디버거가 실행시켰을 때 /data/local/tmp/libhello-jni.so 파일을 열고, `"Java_ida_debug_hellojni_MainActivity_stringFromJNI"` 함수를 호출하는 것이다.

libhello-jin.so 라이브러리에는 `Java_ida_debug_hellojni_MainActivity_StringFromJNI` 함수 이름이 다음 그림과 같이 존재한다.

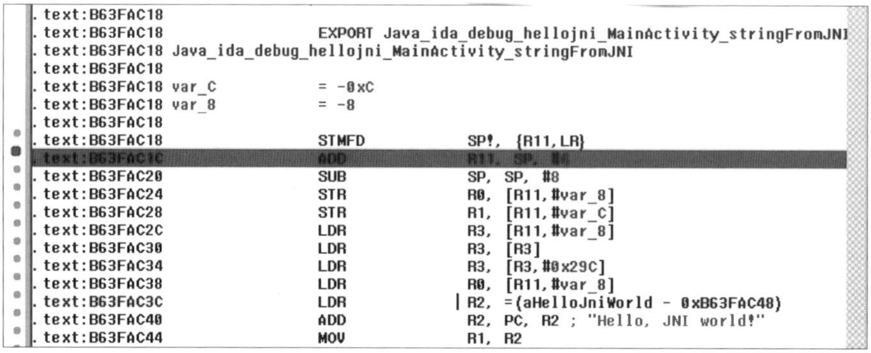

```
.text:B63FAC18
.text:B63FAC18                 EXPORT Java_ida_debug_hellojni_MainActivity_stringFromJNI
.text:B63FAC18 Java_ida_debug_hellojni_MainActivity_stringFromJNI
.text:B63FAC18
.text:B63FAC18 var_C           = -0xC
.text:B63FAC18 var_8           = -8
.text:B63FAC18
.text:B63FAC18                 STMFD           SP!, {R11,LR}
.text:B63FAC1C                 ADD             R11, SP, #4
.text:B63FAC20                 SUB             SP, SP, #8
.text:B63FAC24                 STR             R0, [R11,#var_8]
.text:B63FAC28                 STR             R1, [R11,#var_C]
.text:B63FAC2C                 LDR             R3, [R11,#var_8]
.text:B63FAC30                 LDR             R3, [R3]
.text:B63FAC34                 LDR             R3, [R3,#0x29C]
.text:B63FAC38                 LDR             R0, [R11,#var_8]
.text:B63FAC3C                 LDR             R2, =(aHelloJniWorld - 0xB63FAC48)
.text:B63FAC40                 ADD             R2, PC, R2 ; "Hello, JNI world!"
.text:B63FAC44                 MOV             R1, R2
```

▲ libhello-jin.so의 함수 정보

이제 저장한 후 폴더에 어떤 파일이 존재하는지 살펴보면 다음 그림과 같다.

calltest라는 프로젝트 디렉터리가 있고, 하위에는 jni 디렉터리와 jni 하위에는 Android.mk 파일, calltest.c라는 파일이 있다.

▲ calltest 폴더 및 파일

그다음 빌드 및 설치 과정을 쉽게 하기 위해서 Makefile을 만들어보자. calltest 디렉터리로 이동한다.

```
cd ../ 또는 cd ~/Desktop/calltest
```

6.4.6 Makefile 작성

이제 마지막으로 Makefile을 만든다. 다음과 같이 입력하고 저장한다.

```
gedit Makefile
```

▲ Makefile 작성

make라 입력하면 컴파일이 된다.

make로 컴파일 후에 make install라 입력하면 컴파일된 calltest를 연결된 모바일기기의 /data/local/tmp 디렉터리 및 데스크탑에 생성한 Android_Reversing/Android_data_local_tmp 디렉터리에 각각 복사한다.

make clean라 입력하면 컴파일 때 생성된 파일들을 삭제한다.

이제 필요한 도구 개발은 끝났고, 어떤 파일들을 만들었는지 그림으로 살펴보자.

```
namdaehyeon@ubuntu: ~/Desktop/calltest
namdaehyeon@ubuntu:~/Desktop/calltest$ tree .

├── jni
│   ├── Android.mk
│   └── calltest.c
└── Makefile

1 directory, 3 files
namdaehyeon@ubuntu:~/Desktop/calltest$
```

▲ 개발 도구 파일들

6.4.7 컴파일

이제 위의 파일들을 만들었다면 make 명령어로 컴파일을 한다.

```
namdaehyeon@ubuntu: ~/Desktop/calltest
namdaehyeon@ubuntu:~/Desktop/calltest$ make
ndk-build -B
make[1]: Entering directory `/home/namdaehyeon/Desktop/calltest'
[armeabi] Compile thumb : calltest <= calltest.c
[armeabi] Executable    : calltest
[armeabi] Install       : calltest => libs/armeabi/calltest
make[1]: Leaving directory `/home/namdaehyeon/Desktop/calltest'
namdaehyeon@ubuntu:~/Desktop/calltest$ tree .

├── jni
│   ├── Android.mk
│   └── calltest.c
├── libs
│   └── armeabi
│       └── calltest
├── Makefile
└── obj
    └── local
        └── armeabi
            ├── calltest
            └── objs
                └── calltest
                    ├── calltest.o
                    └── calltest.o.d

8 directories, 7 files
namdaehyeon@ubuntu:~/Desktop/calltest$
```

▲ 컴파일

`make install` 명령으로 안드로이드 기기 및 데스크탑에 이미 만들어져 있는 디렉터리에 컴파일된 바이너리를 복사한다.

▲ 컴파일 및 설치

이제 필요한 도구 개발 및 설치가 완료됐다.

6.4.8 안드로이드 기기 작업

앞서 android_server를 안드로이드 기기로 옮겼었다. 새로운 터미널 창을 열고 안드로이드 기기로 접속해서 옮겼던 `android_server`에 실행 권한을 준다.

실행 권한을 주고 su를 입력해 루트 권한을 획득한다. 후에 서버를 실행시켜야 하므로 터미널 창은 닫지 않는다.

▲ android_server 실행 권한 부여

6.4.9 ADB 포트 포워딩

adb에는 forward 옵션이 존재하는데 adb가 PC의 애플리케이션과 소켓통신할 수 있도록 port-forwarding을 지원하도록 돼 있다. 사용 방법은 아래와 같고, 이 명령을 사용하면 PC애플리케이션은 tcp의 23946번 포트를 사용해 통신할 수 있다.

```
adb forward tcp:23946 tcp:23946
```

새로운 터미널 창을 열고 위 명령어를 입력한다. 가끔씩 디버깅이 잘 안 될 때 사용해야 하니 닫지 않는다.

```
namdaehyeon@ubuntu: ~
namdaehyeon@ubuntu:~$ adb forward tcp:23946 tcp:23946
namdaehyeon@ubuntu:~$
```

▲ 포트 포워딩

6.4.10 IDA Pro 설정

도구 개발 후에는 다음과 같이 IDA Pro를 이용해 디버깅하고 싶은 so 파일을 연다.

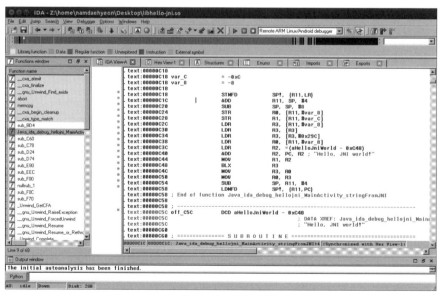

▲ libhello-jni.so 파일 열기

264

6.4.11 브레이크 포인트 설정

디버거가 연결됐을 때 설정한 브레이크 포인트에서 멈추기 위해서 jni 파일의 프롤로그 부분, 즉 `Java_ida_debug_hellojni_MainActivity_stringFromJNI` 함수의 프롤로그 부분에 브레이크 포인트를 설정한다.

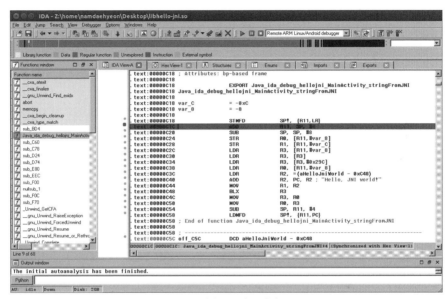

▲ 브레이크 포인트 설정

6.4.12 디버그 설정

화면 우측에서 디버거를 Remote ARM Linux/Android debugger로 선택한다.

브레이크 포인트 선택 및 디버거 선택 후 ▶ 아이콘을 클릭하면 여러 문구나 나오다가 아래의 디버그 설정 창이 나타난다.

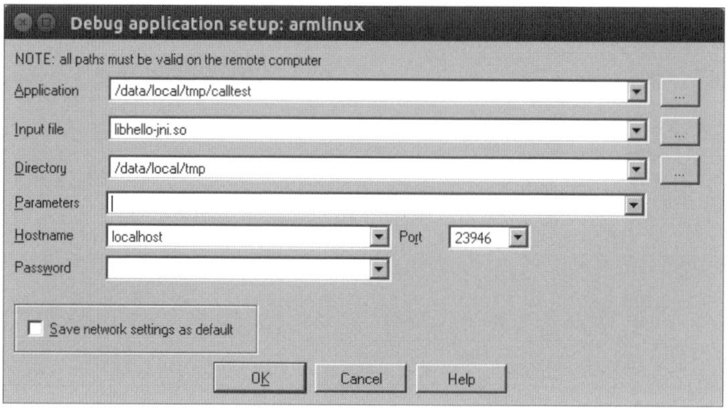

▲ 디버그 설정

- Application: 위의 컴파일 과정에서 이미 모바일 기기에 업로드됐다. /data/local/tmp/calltest를 넣어준다.

- Inputfile: 디버깅하고자 하는 so library를 선택해주는데, libhello-jni.so로 설정한다.

- Parameters: calltest 바이너리에 입력해줄 인자를 입력해주는 곳이나 지금은 비워둬도 된다.

- Hostname: localhost를 선택한다.

위 그림처럼만 값들을 설정하고 대기한다.

6.4.13 안드로이드 기기 작업

위에서 생성한 터미널 창을 닫지 않았다면 안드로이드 기기에 접속된 터미널이 있다. 안드로이드 서버를 실행시킨다. 모든 프로세스에 접근하려면 루트 권한이 필요하다.

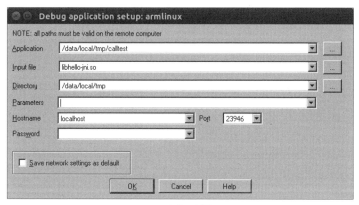

▲ 안드로이드 서버 실행

6.4.14 포트 포워딩

포트 포워딩 설정이 안 됐을지 모르니 다시 한 번 설정한다.

```
namdaehyeon@ubuntu: ~
namdaehyeon@ubuntu:~$ adb forward tcp:23946 tcp:23946
namdaehyeon@ubuntu:~$
```

▲ 포트 포워딩

위의 안드로이드 서버 실행 및 포트 포워딩이 완료됐다면 다음 그림과 같이 위에
서 설정한 IDA Pro에 돌아와서 OK 버튼을 누른다.

```
Debug application setup: armlinux
NOTE: all paths must be valid on the remote computer
Application   /data/local/tmp/calltest
Input file    libhello-jni.so
Directory     /data/local/tmp
Parameters    |
Hostname      localhost              Port   23946
Password
   Save network settings as default
                        OK      Cancel      Help
```

▲ 디버그 설정

OK 버튼을 누르면 IDA Debugger가 여러 항목을 요구한다. 첫 째로 안드로이드 기기에서 복사해 ~/Desktop/Android_Reversing/Android_bin 디렉터리에 넣었던 linker의 경로를 요구하는데 ~/Desktop/Android_Reversing/Android_bin 디렉터리를 선택해주면 된다.

▲ /system/bin/linker 경로 설정

두 번째로 calltest가 들어있는 경로를 요구한다. ~/Desktop/Android_ Reversing/Android_data_local_tmp 디렉터리를 선택해주면 된다.

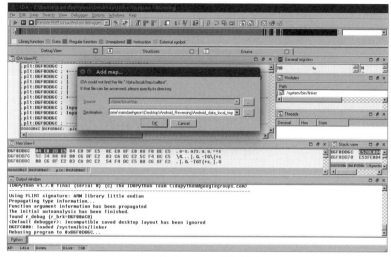

▲ /data/local/tmp 경로 설정

마지막으로 /data/local/tmp/ 경로대신~/Desktop/Android_Reversing/
Android_data_local_tmp 경로를 지정한다.

바이너리 경로에 대해 사용자가 임의로 설정한 경로를 보여준다. 잘못 지정한 경로
는 삭제하고 재지정할 수도 있다.

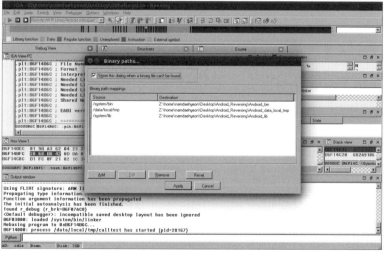

▲ /system/lib 경로까지 설정

이런 화면까지 나왔다면 Apply 버튼을 눌러 계속 진행하면 디버깅을 시작할 수 있다.

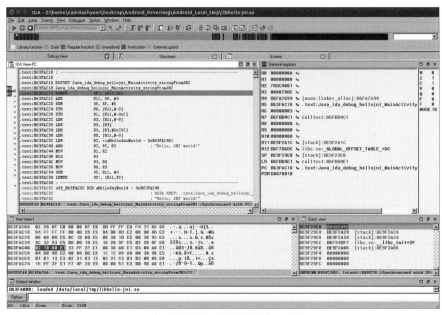

▲ 브레이크 포인트로 인해 멈춘 디버거

이제 디버깅을 시작하면 된다.

6.5 IDA Pro를 이용한 JNI 공유 라이브러리 디버깅 방법 2

공유 라이브러리에 있는 여러 메소드 들을 디버깅을 하고 싶은데, 매번 calltest를 컴파일해 업로드할 수도 없어서 팁을 하나 알려준다면, 앞서 "IDA Pro를 이용한 JNI 공유 라이브러리 디버깅 방법 1" 절에서는 libhello-jin.so에 있는 Java_ida_debug_hellojni_MainActivity_StringFromJNI 메소드만을 호출하도록 하드 코딩돼 있다.

그래서 입력받는 값들을 인자로 받으면 어떨까 생각해봤다. 따라서 다음과 같이 코딩했다.

```c
/*
 * by namdaehyeon (nam_daehyeon@naver.com)
 */

#include <stdio.h>
#include <dlfcn.h>

int main(int argc, char* argv[]) {
        //const char *lib = "/data/local/tmp/libhello-jni.so";
        //const char *jniMethodName = "Java_ida_debug_hellojni_MainActivity_stringFromJNI";

        void *handle = dlopen(argv[1], RTLD_LAZY);

        typedef void (*aFunc)();

        aFunc aCheckDebug = (aFunc) dlsym(handle, argv[2]);

        printf("Call jni function!!\n");

        //call jni func
        aCheckDebug();

        printf("dlclose(handle)\n");
        dlclose(handle);

        return 0;
}
```

▲ calltest.c

앞 장과는 다르게 기존에 so 파일 이름을 넣었던 곳이 argv[1]로, 디버깅을 원했던 메소드를 넣었던 곳이 argv[2]로 변경된 것을 확인할 수 있을 것이다.

즉, 첫 번째 인자로 새로운 so 파일의 경로 및 이름을 입력받고, 두 번째 인자로는 선언돼 있는 메소드의 이름을 입력받는다. 이것을 컴파일하고 IDA의 디버깅 옵션에 인자 값을 설정해서 디버깅을 좀 더 편리하게 할 수 있을 것이다.

물론 현재의 함수가 void 타입이고, 파라미터가 없는 메소드여야 한다는 조건이 있지만, 이 부분은 다음에 다시 다루도록 하겠다.

다음의 명령을 연속으로 입력해 컴파일 및 컴파일된 바이너리를 안드로이드 기기로 옮긴다.

```
make clean; make; make install
```

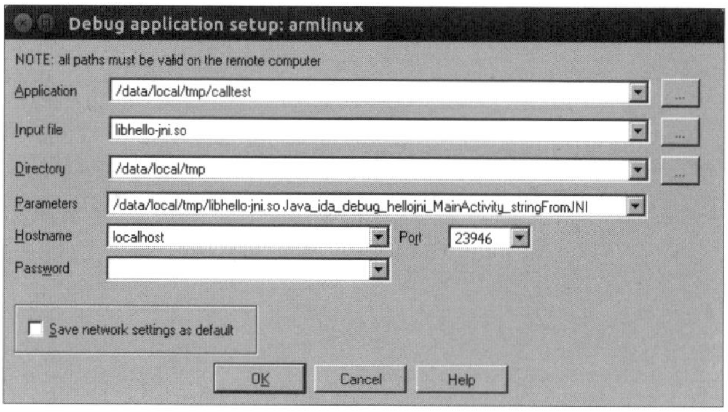

▲ 디버그 설정

참고   **Parameters:** calltest 바이너리에 입력해줄 인자를 입력하는 곳이다. 첫 번째 인자로 /data/local/tmp/libhello-jni.so를 입력하고, 두 번째 인자로 메소드에 해당하는 Java_ida_debug_hellojni_MainActivity_stringFromJNI를 입력한다.

이렇게 설정하고 **OK** 버튼을 눌러 저장하고 **F9** 키를 눌러 디버깅을 시작하면 브레이크 포인트를 설정한 지점인 `Java_ida_debug_hellojni_MainActivity_stringFromJNI`에서 IDA 디버거가 멈춘다.

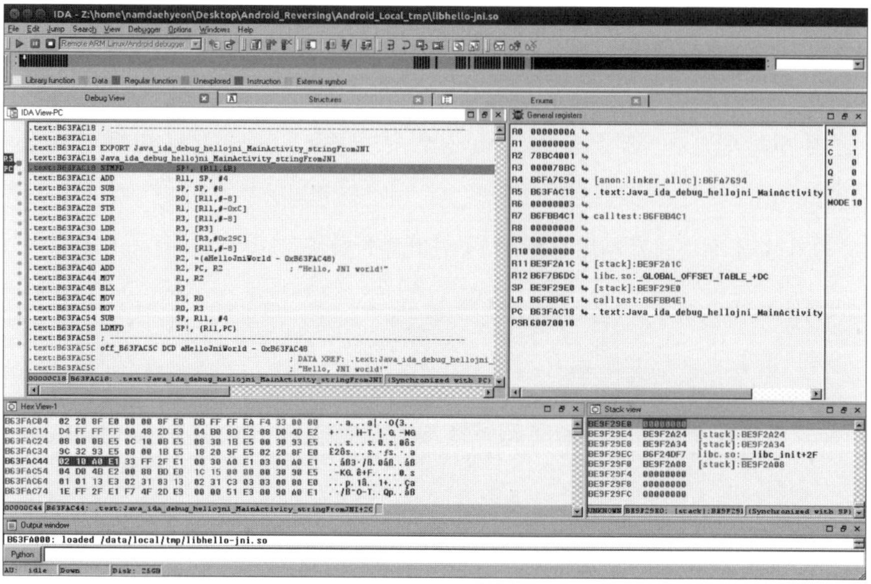

▲ 브레이크 포인트로 인해 멈춘 IDA

위의 팁을 이용해서 IDA 디버거의 파라미터를 변경해 /data/local/tmp/libhello-jni.so에 있는 다른 메소드를 쉽게 디버깅할 수 있다.

6.6 IDA Pro를 이용한 JNI 공유 라이브러리 디버깅 방법 3

실제 테스트 기기를 디버깅 가능한 환경으로 변경하면 android:debuggable ="true"와 같은 옵션이 없는 안드로이드 애플리케이션이라 하더라도 쉽게 디버깅을 할 수 있다. 마지막 방법으로 이러한 환경을 만들어 안드로이드 애플리케이션 디버깅에 활용하는 방법을 설명할 것이다.

동적 분석 방법에 활용했던 후킹을 통해서 달빅 런타임을 후킹해 default. prop의 옵션 변경 또는 애플리케이션의 AndroidManifest.xml 파일에 android:debuggable="true"와 같은 옵션이 없더라도 Zygote에 의해 실행되는 애플리케이션에 디버깅 기능을 추가해서 쉽게 디버깅할 수 있도록 할 것이다. 여기에서는 테스트 기기로 달빅 런타임^{Dalvik Runtime}을 사용하고 있는 안드로이드 4.4.2를 사용했다.

6.6.1 달빅 런타임 후킹

안드로이드의 프로세스를 실행시키는 소스코드를 살펴보면 아래의 코드를 확인할 수 있다. start 메소드는 여러 인자들 중에서 debugFlags 값도 확인할 수 있고 이 debugFlags 값은 startViaZygote 프로세스에서도 사용된다.

```
public static final ProcessStartResult start(final String processClass,
                           final String niceName,
                           int uid, int gid, int[] gids,
                           int debugFlags, int mountExternal,
                           int targetSdkVersion,
                           String seInfo,
                           String[] zygoteArgs) {
    try {
        return startViaZygote(processClass, niceName, uid, gid, gids,
                debugFlags, mountExternal, targetSdkVersion, seInfo, zygoteArgs);
    } catch (ZygoteStartFailedEx ex) {
        Log.e(LOG_TAG,
                "Starting VM process through Zygote failed");
        throw new RuntimeException(
                "Starting VM process through Zygote failed", ex);
    }
}
```

▲ 달빅 런타임의 Process start 메소드

```
public class Zygote {
    /*
     * Bit values for "debugFlags" argument.  The definitions are duplicated
     * in the native code.
     */
    /** enable debugging over JDWP */
    public static final int DEBUG_ENABLE_DEBUGGER   = 1;
    /** enable JNI checks */
    public static final int DEBUG_ENABLE_CHECKJNI   = 1 << 1;
    /** enable Java programming language "assert" statements */
    public static final int DEBUG_ENABLE_ASSERT     = 1 << 2;
    /** disable the JIT compiler */
    public static final int DEBUG_ENABLE_SAFEMODE   = 1 << 3;
    /** Enable logging of third-party JNI activity. */
    public static final int DEBUG_ENABLE_JNI_LOGGING = 1 << 4;
```

▲ Zygote 클래스에 선언된 값들

위에 선언된 Zygote 클래스에 선언된 값들과 startViaZygote 메소드의
debugFlags 값을 & 연산을 통해 0이 아니면 -enable-debugger 특정 args 값이
추가된다.

```
        // --runtime-init, --setuid=, --setgid=,
        // and --setgroups= must go first
        argsForZygote.add("--runtime-init");
        argsForZygote.add("--setuid=" + uid);
        argsForZygote.add("--setgid=" + gid);
        if ((debugFlags & Zygote.DEBUG_ENABLE_JNI_LOGGING) != 0) {
            argsForZygote.add("--enable-jni-logging");
        }
        if ((debugFlags & Zygote.DEBUG_ENABLE_SAFEMODE) != 0) {
            argsForZygote.add("--enable-safemode");
        }
        if ((debugFlags & Zygote.DEBUG_ENABLE_DEBUGGER) != 0) {
            argsForZygote.add("--enable-debugger");
        }
        if ((debugFlags & Zygote.DEBUG_ENABLE_CHECKJNI) != 0) {
            argsForZygote.add("--enable-checkjni");
        }
```

▲ 달빅 런타임의 startViaZygote 메소드

디버거로 값을 확인하면 된다.

▲ 디버거로 연산 확인

애플리케이션에 디버그 플래그가 존재하는 경우에만 별도의 jdb와 같인 도구를 이용해서 디버깅할 수는 있으나 우리가 디버깅하고 싶은 많은 애플리케이션들은 디버그 플래그가 존재하지 않으므로 디버깅하기 위해 매번 AndroidManifest.xml 파일에 android:debuggable="true"와 같은 옵션을 삽입할 수도 없는 노릇이고 해서 내가 선택한 방법은 위에서 언급한 달빅 런타임의 start 메소드를 후킹^{Hooking} 해서 모든 애플리케이션의 디버깅을 가능하도록 하는 방법이다.

Xposed Framework를 이용해서 다음과 같이 start 메소드를 후킹한다.

```java
static void enabledebug(final XC_LoadPackage.LoadPackageParam lpparam) {

    findAndHookMethod(
            "android.os.Process",
            lpparam.classLoader,
            "start",
            String.class,
            String.class,
            Integer.TYPE,
            Integer.TYPE,
            int[].class,
            Integer.TYPE,    //debugFlags
            Integer.TYPE,    //mountExternal
            Integer.TYPE,    //targetSdkVersion
            String.class,    //seInfo
            String[].class,  //zygoteArgs
            new XC_MethodHook() {

                @Override
                protected void beforeHookedMethod(MethodHookParam param) throws Throwable {
                    param.args[5] = 1;
                }

                @Override
                protected void afterHookedMethod(MethodHookParam param) throws Throwable {
                    param.args[5] = 1;
                }
            }
    );
}
```

▲ Xposed를 이용한 달빅 런타임 후킹

이렇게 후킹 모듈을 만들어 모바일 기기에 설치한다.

6.6.2 SDK에 포함된 ddms 실행

위 후킹 모듈을 만들어 설치하고 재시작 한 후 ddms를 실행해 디버깅 가능한 애플리케이션들을 확인한다. 모든 애플리케이션들이 활성화돼 있다.

여기의 목록에 나타나지 않았다면 애플리케이션을 실행시키면 나타난다. ddms는 종료하지 말고 실행시켜 둔다.

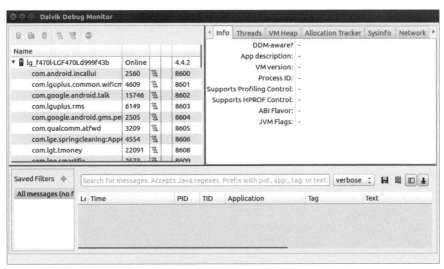

▲ 달빅 런타임을 사용하는 안드로이드 4.4.2 LG G3 beat ddms

6.6.3 안드로이드 서버 전송 및 실행

IDA 프로그램 폴더 내 dbgsrv라는 폴더에 다양한 플랫폼의 디버그 서버 중에서 안드로이드 환경에서 사용할 android_server를 위의 안드로이드 4.4.2가 설치돼 있는 테스트 모바일 기기 G3 Beat로 전송한다.

- 모바일 기기 /data/local/tmp 영역에 `android_server` 전송

```
adb push android_server /data/local/tmp
```

- 모바일 기기에 접속

```
adb shell
```

- root 권한 획득

```
su
```

- 실행 권한 부여

```
chmod 777 /data/local/tmp/android_server
```

위처럼 실행 권한을 부여한 android_server를 다음 그림과 같이 실행시킨다.

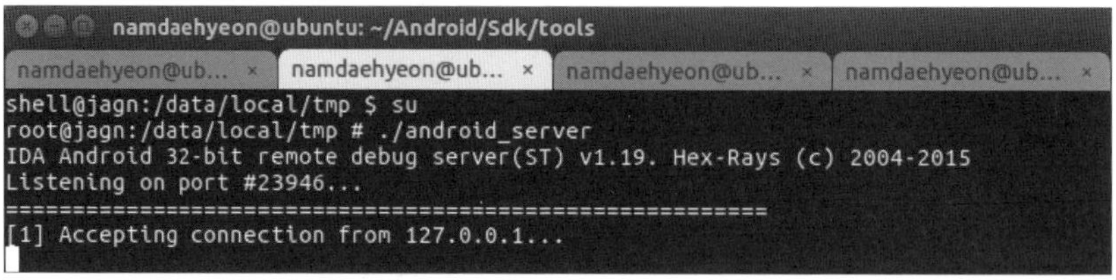

```
shell@jagn:/data/local/tmp $ su
root@jagn:/data/local/tmp # ./android_server
IDA Android 32-bit remote debug server(ST) v1.19. Hex-Rays (c) 2004-2015
Listening on port #23946...
=================================================================
[1] Accepting connection from 127.0.0.1...
```

▲ 디버깅을 위해 전송한 안드로이드 서버 실행

6.6.4 adb forward

앞 절에서 android_server는 23946번 포트를 사용한다. adb를 이용해서 23946
번 포트를 사용하려면 adb forward 명령어를 이용해 포트 포워딩을 해야 한다.

```
adb forward tcp:23946 tcp:23946
```

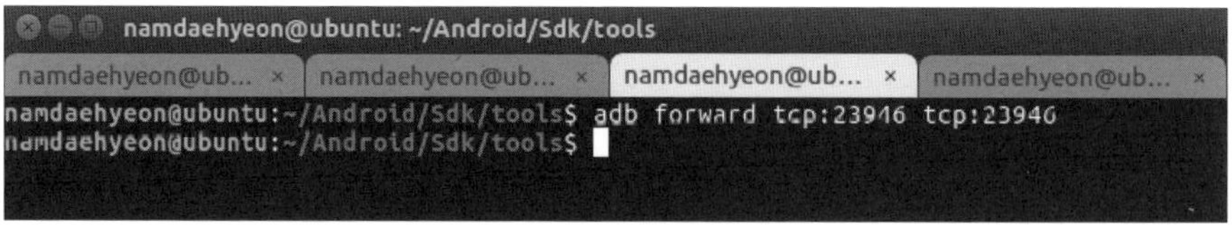

▲ adb forward 실행

6.6.5 애플리케이션 설치 및 실행

디버깅할 안드로이드 애플리케이션을 기기에 설치해야 한다. 여기에 필요한 실습
파일07은 https://github.com/AcornPublishing/android-reverse/에서 내려받
을 수 있다. 설치는 adb를 이용해서 가능하고 명령어는 다음과 같다.

```
adb install app-intermediate-release.apk
```

설치 후 JEB2와 같은 분석도구를 이용해서 패키지이름 및 액티비티의 이름을 확인 해야 한다. JEB가 없다면 apktool을 이용해서 앱을 디코드^{decode} 후 Android manifest.xml 파일 정보를 바탕으로 패키지 이름 및 액티비티 이름을 확인하면 된다.

▲ AndroidManifest에서 패키지 이름 및 액티비티 이름 확인

설치한 애플리케이션의 패키지 이름은 org.teamsik.apps.hackingchallenge. intermediate이고, 액티비티 이름은 org.teamsik.apps.hackingchallenge. MainActivity다. 이렇게 획득한 정보를 바탕으로 아래의 명령디버깅을 시작할 수 있다.

```
adb shell am start -D -n org.teamsik.apps.hackingchallenge.intermediate/
org.teamsik.apps.hackingchallenge.MainActivity
```

▲ 대상 애플리케이션을 디버깅 모드로 액티비 실행

위 명령어를 실행시킨 후 ddms를 살펴보면 디버깅 대상 애플리케이션 이름 왼쪽

으로 디버그 아이콘을 확인할 수 있다.

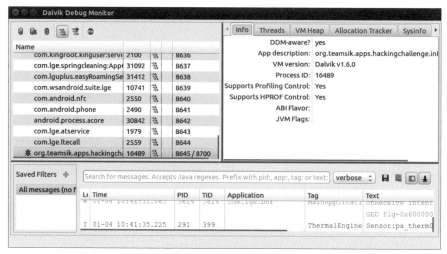

▲ 디버깅 활성화 아이콘

6.6.6 IDA 실행 및 디버거 연결

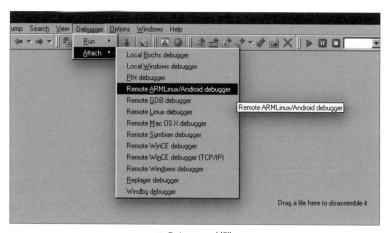

▲ Debugger 선택

Debugger > Attach > Remote ARMLinux/Android debugger 플랫폼 디버거를 선택

한다. 다음 설정 창에서 호스트 이름은 127.0.0.1을 입력한다.

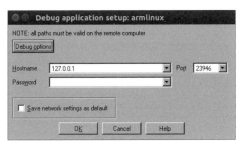

▲ 디버거 호스트 및 포트 설정

Hostname은 **127.0.0.1**로 설정하고, Port는 IDA 기본 포트가 **23946**이므로 변경하지 않는다.

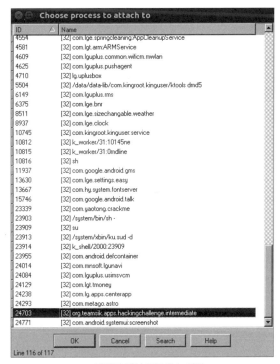

▲ 디버깅 대상 프로세스 선택

디버깅 대상 프로세스 org.teamsik.apps.hackingchallenge.intermedate를 선택한다.

▲ 프로세스 선택 후 엔트리 포인트에서 일시정지한 디버거

대상 프로세스를 선택하면 위 그림과 같이 프로세스 엔트리 포인트에서 정지한다.

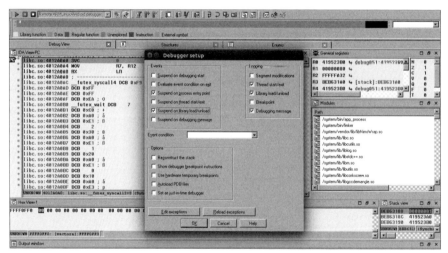

▲ 디버거 설정

프로세스 엔트리 포인트에서 일시정지했을 때 Debugger 메뉴 > Debugger Setup
을 선택해 디버거 설정으로 들어간다. 우리는 안드로이드 애플리케이션에서 로딩

하는 JNI 라이브러리의 디버깅을 원하기 때문에 디버거 설정 항목에서 Suspend on library load/unload를 체크해야 한다. 위 그림처럼 해당 항목을 체크하고 OK 버튼을 누른다.

▲ 프로세스 선택 후 엔트리 포인트에서 일시정지한 디버거

엔트리 포인트에서 일시정지한 디버거 화면에서 계속 진행을 위해 왼쪽 상단의 녹색 화살표(image322) 또는 F9 키를 눌러 계속 진행한다.

이제 jdb를 이용해서 모바일 기기의 JVM과 연결해 디버깅을 시작한다.

```
jdb -connect com.sun.jdi.SocketAttach:hostname=127.0.0.1,port=8700
```

▲ jdb를 이용해 모바일 기기의 JVM과 연결

위의 명령어를 입력하고 난 후 IDA를 보면 앞서 디버거 설정에서 Suspend on library load/unload 체크했기 때문에 안드로이드 애플리케이션에서 필요한 라이브러리를 로딩 할 때마다 IDA가 일시정지해 라이브러리가 있는 경로를 설정해주라는 창이 나오곤 하는데, 설정해주지 않아도 문제되지는 않는다. 다음과 같은 요청이 있다면 Cancel 버튼을 눌러서 진행한다.

▲ 필요한 라이브러리를 찾는 IDA

애플리케이션에서 라이브러리를 추출해서 저장해놓은 경로를 설정해줘도 위에서
Cancel 버튼을 누른 것과 큰 차이는 없다.

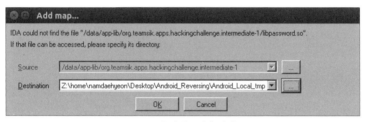

▲ IDA의 라이브러리 설정

또 다음과 같은 바이너리 설정 창도 무시해도 된다. Apply 버튼을 눌러도 되고,
Cancel 버튼을 눌러도 된다.

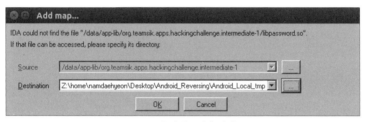

▲ 바이너리 경로 설정

위에서 Cancel 버튼을 누르고 IDA 왼쪽 상단의 녹색 화살표(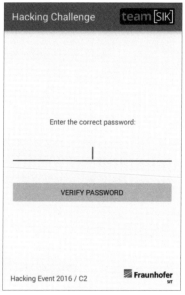) 또는 F9 키를 눌러 계속 진행한다. 이 과정은 몇 번을 계속 할 수도 있으며, 자신이 디버깅하고 싶은 라이브러리가 발견될 때까지 계속한다. 나는 대상 애플리케이션을 디버깅하면서 문제를 풀기 위한 라이브러리인 libpassword.so 파일을 필요로 하는 화면에서 Cancel 버튼을 눌러 계속 진행하면 어느 순간 IDA가 더 이상 진행하지 않고 멈춰 있고 테스트 모바일 기기에는 다음과 같이 애플리케이션이 실행돼 대기 상태로 있는 것을 확인할 수 있다.

▲ 임의의 값 입력

대기 상태인 위 화면에서 커서가 깜빡이는 곳에 임의의 값을 입력한다. 왜냐하면 아래의 애플리케이션의 소스코드에서 난독화돼 있는 일부 메소드들이 보이고, 이 난독화돼 있는 값들을 복호화해보면 하단에 JNI 라이브러리에 선언돼 있는 getPassword 메소드를 호출한다. v3 메소드가 복호화돼 사용자가 입력한 값을 인자로 넣어 JNI 라이브러리를 호출한다. 이 메소드를 호출하기 위해서는 입력필드에 임의의 값을 넣고 VERIFY PASSWORD 버튼을 눌러야 한다. 그래서 위의 값 입력 과정이 필요하다.

```
import java.lang.reflect.Method;
import java.util.Random;

public class Verifier {
    private static final String a;
    private static final a b;

    static {
        Verifier.a = Verifier.class.getSimpleName();
        Verifier.b = new a("u0u5mA==", 7949621604919653201L);
        System.loadLibrary("password");
    }

    private Verifier() {
        super();
    }

    public static boolean a(Context arg8, String arg9) {
        boolean v0_2;
        try {
            Object v2 = Class.forName(Verifier.a("GjRA4PCM+3vihlyZPKtpdlX8ipqu26LbtXR9eIMXQHCm1lFllUrmmPH4", -7127332291234
            Class v0_1 = Class.forName(Verifier.a("QryWaaVs/uvZcnetf5RA/g==", -297485019408380226
            Method v3 = v0_1.getMethod(Verifier.a("4KJMndApHw==", -98567384090344778L));
            Method v4 = v0_1.getMethod(Verifier.a("Ip+J+97c", 8096236114126111158L), Object.class);
```

▲ 난독화돼 있는 메소드

위에서 값 입력 후 VERIFY PASSWORD 버튼을 누르면 IDA에서 라이브러리로딩으로 다음과 같은 화면을 보여준다. Cancel 버튼을 눌러 계속 진행한다.

▲ 필요한 라이브러리를 찾는 IDA

Debugger > Debugger Options 메뉴의 Debugger Setup에서 Suspend on library load/unload를 설정해주지 않았을 때 위 그림에서 필요한 라이브러리를 설정해주지 않으면 필요한 library Symbol을 로딩할 수 없어 브레이크 포인트를 설정할 수 없다. 따라서 처음에 IDA를 모바일 기기에 어태치한 후 프로세스 엔트리 포인트에서 일시정지했을 때 Debugger Setup에서 Suspend on library load/unload를 꼭 체크해야 한다. 계속 진행하고 Modules 탭에서 libpassword라고 검색하면 다음 그림

과 같이 로딩된 libpassword.so 파일을 찾을 수 있고 더블클릭해서 심볼 정보를
확인해보자.

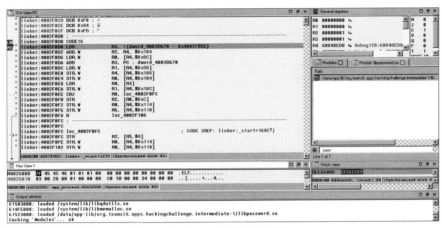
▲ libpassword 라이브러리 검색

libpassword.so 파일의 심볼^{Symbol} 정보는 다음과 같다.

이 심볼 정보들 중에서 버튼이 클릭했을 때 getPassword 함수가 호출되기 때문에
Java_org_teamsik_apps_hackingchallenge_Verifier_getPassword를 선택하
고 마우스 오른쪽 버튼을 클릭해서 **Add BreakPoint**를 설정한다.

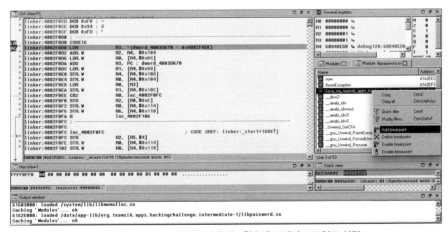
▲ Java_org_teamsik으로 시작되는 함수에 브레이크 포인트 설정

BreakPoint를 설정한 후 IDA 왼쪽 상단의 녹색 화살표(▶) 또는 F9 키를 눌러 계속 진행하면 BreakPoint를 설정해 디버깅을 시작할 수 있다. 이제 원하는 키 값을 찾는 작업을 하면 된다.

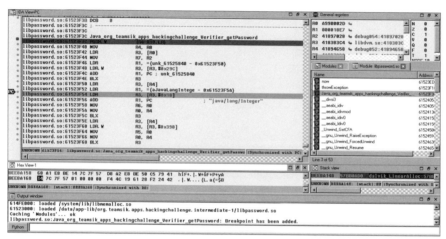

▲ 설정한 브레이크 포인트에서 멈춘 디버거

디버깅을 계속 해 나가다 보면 다음 그림과 같이 키 값을 확인할 수 있다.

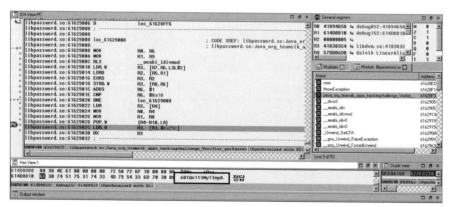

▲ R1에서 확인된 키 값

위에서 확인한 키 값을 안드로이드 애플리케이션의 입력 값에 넣으면 다음 그림을 확인할 수 있다.

▲ 정답

위에서 풀었던 문제 app-intermediate-release.apk의 저작권은 TeamSIK에 있다(©2016 TeamSIK All Rights Reserved).

지금까지 다양한 방법으로 JNI 라이브러리 디버깅하는 방법을 설명했다. 그 밖에 JEB2를 이용해 안드로이드 애플리케이션 동적 디버깅 방법은 JEB2를 이용한 동적 디버깅은 3장 말미에 이미 다뤘기 때문에 별도로 다루지 않았다.

6.7 마치며

가능하면 자세히 설명하려고 노력했고, 모의해킹, 리버스 엔지니어링 등 실제 업무에 필요한 정보를 담기 위해 최선을 다했다.

각 장마다 다양한 방법으로 연습하고, 많은 프로그램에서 테스트해보길 바란다. 우리 강의가 필요하다면 nam_daehyeon@naver.com, welcomehi@naver.com으로 연락해주기 바란다. 어디든지 달려가 지식을 전파하고 싶다.

| 찾아보기 |

안드로이드 애플리케이션 리버스 엔지니어링

기초부터 고급까지 안드로이드 앱 리버싱

초판 발행 | 2017년 3월 30일
2쇄 발행 | 2021년 5월 28일

지은이 | 남대현 · 류재형

펴낸이 | 권 성 준
편집장 | 황 영 주
편 집 | 조 유 나
디자인 | 송 서 연

에이콘출판주식회사
서울특별시 양천구 국회대로 287 (목동)
전화 02-2653-7600, 팩스 02-2653-0433
www.acornpub.co.kr / editor@acornpub.co.kr

Copyright ⓒ 에이콘출판주식회사, 2017, Printed in Korea.
ISBN 978-89-6077-998-3
ISBN 978-89-6077-104-8 (세트)
http://www.acornpub.co.kr/book/android-reverse

이 도서의 국립중앙도서관 출판시도서목록(CIP)은 서지정보유통지원시스템 홈페이지(http://seoji.nl.go.kr)와
국가자료공동목록시스템(http://www.nl.go.kr/kolisnet)에서 이용하실 수 있습니다.(CIP제어번호: CIP 2017006939)

책값은 뒤표지에 있습니다.